C.H.BECK ■ WISSEN

Die Rolle der Kirchen im Dritten Reich ist bis heute umstritten. Haben sie sich zu schnell mit der neuen Obrigkeit arrangiert, ja «gleichschalten» lassen? Sind die Kirchen mit schuldig geworden, und haben sie diese Schuld im Nachhinein angemessen anerkannt? Welche Bedeutung hatte der kirchliche Widerstand? Christoph Strohm beschreibt in seinem kompakten Überblick, wie es bereits kurz nach der Machtübernahme der Nationalsozialisten 1933 zu einem Konkordat mit der katholischen Kirche, zur Gründung der Deutschen Christen, aber auch zur Formierung der Bekennenden Kirche kam. Er erläutert die staatliche Kirchenpolitik vor und während des Zweiten Weltkriegs und die Reaktionen der Kirchen auf die eigene Bedrängung sowie auf die nationalsozialistischen Verbrechen. Abschließend beschreibt er den Umgang der Kirchen mit der Schuldfrage nach 1945.

Christoph Strohm, geb. 1958, ist Ordinarius für Reformationsgeschichte und Neuere Kirchengeschichte an der Ruprecht-Karls-Universität Heidelberg und Mitglied der Heidelberger Akademie der Wissenschaften. Seine Forschungsschwerpunkte sind kirchliche Zeitgeschichte, insbesondere der Widerstand, sowie Reformationsgeschichte. In der Reihe C.H.Beck Wissen erschien von ihm bereits «Johannes Calvin. Leben und Werk des Reformators» (2009).

Christoph Strohm

DIE KIRCHEN IM DRITTEN REICH

Verlag C.H.Beck

Hans-Heinrich Früchtnicht (1883–1959)
und Wilhelm Strohm (1902–1937)
zum Gedenken

Mit 2 Karten:
Vordere Umschlaginnenseite: Peter Palm, Berlin,
aus Hubert Wolf: Papst und Teufel, München 2008
Hintere Umschlaginnenseite: Landeskirchliches Archiv,
Nürnberg

2., durchgesehene Auflage. 2017

Originalausgabe
© Verlag C.H.Beck oHG, München 2011
Satz: Fotosatz Amann, Memmingen
Druck u. Bindung: Druckerei C.H.Beck, Nördlingen
Umschlagabbildung: Emblem der Deutschen Christen, 1932
Umschlagentwurf: Uwe Göbel, München
Printed in Germany
ISBN 978 3 406 61224 4

www.chbeck.de

Inhalt

Prolog

«Indem ich mich des Juden erwehre, kämpfe ich für das Werk des Herrn», schrieb Adolf Hitler in *Mein Kampf* (Hitler 70). 1941 soll er gesagt haben: «Der Krieg wird sein Ende nehmen und ich werde meine letzte Lebensaufgabe darin sehen, das Kirchenproblem noch zu klären. Erst dann wird die deutsche Nation ganz gesichert sein.» (Jochmann 150, 13.12.1941) In diesen beiden Zitaten aus den frühen und späten Jahren seines Wirkens tritt Hitler als ein Mann hervor, dessen Handeln von pseudoreligiösen Motiven bestimmt war. Den zitierten Sätzen ließen sich zahlreiche weitere gleichen Inhalts zur Seite stellen, weshalb ein fundamentaler Konflikt mit den Kirchen hier geradezu sachnotwendig erscheint. Wie aber verhalten sich Hitlers vielfache Beteuerungen, ein «positives Christentum» als Grundlage des politischen Handelns zu fördern, zu seinen christentumsfeindlichen Äußerungen? Vor allem stellt sich die Frage, welche Bedeutung Hitler und seinen weltanschaulichen Überzeugungen im nationalsozialistischen Herrschaftsgefüge zukommt. In der älteren Forschung war die Rolle Hitlers und seiner «Weltanschauung» (E. Jäckel) als zentral eingeschätzt worden. Karl Dietrich Bracher hat diese Sicht mit Analysen des strukturellen «Neben- und Gegeneinanders der Machtgruppen» im nationalsozialistischen Staat verbunden. Die Ambivalenz von zentralistischer Gleichschaltung und institutionellem Ämterchaos habe keine Schwächung der Führergewalt bedeutet, sondern sei gerade eine entscheidende Voraussetzung für Hitlers «omnipotente Stellung» gewesen (Bracher 42).

Im Zuge eines sozialgeschichtlichen, von kritischer Marxismus-Rezeption mitbestimmten Paradigmenwechsels traten in der Forschung seit den 1960er Jahren dezidiert strukturgeschichtliche Deutungen in den Vordergrund. Der Person Hitlers und erst recht den weltanschaulichen Triebkräften seines Han-

delns wurde hier keine konstitutive Bedeutung für die nationalsozialistische Herrschaft zugesprochen. Gegen die älteren Versuche, die Logik totalitärer Herrschaft zu beschreiben, wurden
jetzt der polykratische Charakter und das Kompetenzenwirr-
warr der unterschiedlichen Parteigruppierungen und -führer sowie der traditionellen staatlichen Ämter und Instanzen heraus-
gearbeitet.

In jüngerer Zeit ist gegen solche strukturgeschichtlichen An-
sätze die Rolle Hitlers und gerade auch seiner Weltanschauung
für den Aufstieg, die Herrschaft und den Niedergang des Nationalsozialismus wieder hervorgehoben worden. Zwar grenzen
sich die neueren Arbeiten gegen eine enge Hitlerzentrik ab, aber
die weltanschaulichen, pseudoreligiösen Aspekte der nationalsozialistischen Herrschaft werden herausgestellt und mit
dem klassischen Totalitarismusbegriff verbunden (M. Burleigh).
Während dieser bevorzugt die praktischen Elemente der Herr-
schaftstechnik in den Blick genommen hatte, rücken jetzt ergän-
zend dazu vor allem mentale und weltanschaulich-religiöse Gesichtspunkte ins Zentrum des Interesses. Ulrich von Hehl urteilt
knapp zusammenfassend:

> Über die systematische Indienstnahme aller Massenkommunikation
> hinaus lässt die Omnipräsenz nationalsozialistischer Parolen in Öf-
> fentlichkeit und Alltagswelt auch den totalitären weltanschaulichen
> Formungsanspruch eines Regimes erkennen, das sich als quasi-religi-
> öse Heilsbewegung verstand. (v. Hehl 30)

Eine solche Charakterisierung muss dem Verhältnis von Nationalsozialismus und Kirchen eine besondere Aufmerksamkeit zu-
teil werden lassen. So gilt es, die Frage nach der Eigenart der
Gleichschaltungsversuche gegenüber den Kirchen im Vergleich
mit anderen Bereichen der Gesellschaft zu klären. Zugleich er-
gibt die Analyse des Verhältnisses von Nationalsozialismus und
Kirchen selbst wiederum Gesichtspunkte für die Beurteilung des
religiösen bzw. pseudoreligiösen Charakters des Nationalsozialismus.

Schließlich werfen die Auseinandersetzungen um die Gleichschaltung der Kirchen ein besonderes Licht auf die Rolle Hitlers im Gefüge der nationalsozialistischen Herrschaftsausübung. Mehrfach trat der «Führer» in entscheidenden Phasen der Kirchenpolitik in charakteristischer Weise in Erscheinung. So wird eine Darstellung des Themas «Die Kirchen im Dritten Reich» auch die Rolle Hitlers bestimmen müssen bzw. die Relevanz seiner Person und Weltanschauung für die Kirchenpolitik zu erörtern haben. Die Bewertung der Rolle der christlichen Kirchen im Dritten Reich hat sich seit der Nachkriegszeit erheblich gewandelt. Anfangs galten sie als die wichtigsten gesellschaftlichen Bereiche, die von den Nationalsozialisten nicht gleichgeschaltet bzw. korrumpiert werden konnten. Man sah in ihnen geradezu Horte des Widerstands gegen die nationalsozialistische Ideologie und Herrschaft. Heute hingegen stehen die Defizite kirchlichen Handelns in den Jahren der Diktatur im Vordergrund, und die Dimension der Anpassung erscheint vorherrschend. Die signifikanten Unterschiede in der Bewertung weisen auf die Abhängigkeit der Urteile von Interessen und Zeitströmungen. So stand die frühe Historiographie des «Kirchenkampfes» noch ganz im Bann der Auseinandersetzungen der Jahre 1933 bis 1945. Die grundlegenden Werke wurden von Vertretern des Flügels der Bekennenden Kirche, der für eine strenge Abgrenzung gegen jede Zusammenarbeit mit kompromissbereiten Gruppen in der Kirche eintrat, verfasst. In den fünfziger und sechziger Jahren beriefen die beiden großen Kirchen Kommissionen ein, die sich der Erforschung der Rolle der Kirchen in den Jahren 1933 bis 1945 widmen und insbesondere das einschlägige Quellenmaterial zugänglich machen sollten. Infolgedessen konnten in den siebziger Jahren die ersten umfassenden Darstellungen begonnen werden.

Anfangs wurde der Begriff «Kirchenkampf» allein zur Skizzierung der innerkirchlichen Auseinandersetzungen, die das Auftreten der Deutschen Christen hervorgerufen hatte, verwendet. Später diente er dazu, das Verhältnis der Kirchen zum Dritten Reich insgesamt zu beschreiben, was jedoch seit den achtziger Jahren in Frage gestellt wurde. Denn nur ein kleiner Teil des vielschichtigen Geschehens in den Jahren 1933 bis 1945 könne als «Kampf» oder als «Widerstand» der Kirchen gegen die nationalsozialistische Herrschaft bezeichnet werden (vgl. Mehlhausen 43 f.). Gleichwohl hat sich der Begriff «Kirchenkampf» als Epochenbezeichnung durchgesetzt, da er die grundsätzlich christentumsfeindliche Ausrichtung der nationalsozialistischen Herrschaft ernst nimmt, unabhängig vom Ausmaß an Anpassung und Kooperationsbereitschaft auf Seiten der Verantwortlichen in den Kirchen (v. Hehl 97).

I. Illusion und Distanz

Die Kirchen und die Weimarer Republik

Die vernichtende Niederlage des Kaiserreichs im Ersten Weltkrieg und die Entstehung eines republikanisch verfassten, weltanschaulich neutralen Staates im Jahre 1919 bedeuteten für die Kirchen einen tiefen Einschnitt. Da die evangelische Kirche sich dem deutschen Kaiserreich von 1871 aufs Engste verbunden fühlte, trafen sie die Veränderungen härter als die katholische Kirche, die gerade erst einen langjährigen Konflikt mit dem protestantisch-preußisch dominierten Reich hinter sich hatte. Hier konnte man trotz des massiven Antimodernismus und Antiliberalismus die Chancen der neuen Freiheit eher wahrnehmen. Zudem verfügte man mit dem Zentrum über eine Partei, die in der Lage war, in der repräsentativen Demokratie katholische Anliegen zu vertreten. Für die evangelische Kirche bedeutete das Ende der traditionellen Nähe von Thron und Altar den Verlust der umfassenden Sorge der weltlichen Obrigkeit in kirchlichen Angelegenheiten.

Nachdem die Nationalversammlung in Weimar am 31. Juli 1919 eine Verfassung beschlossen hatte, die alles andere als kirchenfeindlich war, begann man sich bald auf die neuen Verhältnisse und ihre Chancen einzulassen. In besonders wirkungsreicher Weise hat sie der junge Generalsuperintendent der Kurmark, Otto Dibelius, formuliert. In seinem 1926 zum ersten Mal

und 1928 bereits in sechster Auflage gedrucktem Buch mit dem
Titel *Das Jahrhundert der Kirche* entwarf er ein pragmatisches
Zukunftsprogramm für das kirchliche Handeln. In dem neuen
religionslosen Staat gebe es kaum mehr allgemeinverbindliche
sittliche Normen. Umso mehr sei die Kirche als das Gewissen
des Volkes zuständig für die Durchsetzung von christlichen
Normen und Werten im Leben des Gemeinwesens.

Sosehr sich die Verantwortlichen in den Kirchen mit der Situation arrangierten, blieb doch ein Grundproblem, das sich in
der Endphase der Republik als schwere Hypothek erweisen
sollte. Insbesondere die evangelische Kirche hatte sich nicht nur
mit dem Kaiserreich, sondern in hohem Maße auch mit seiner
nationalistischen Kriegspolitik identifiziert. Entsprechend tief
war sie von der umfassenden Niederlage und dem harten Versailler Vertrag vom 10. Januar 1920 betroffen. Neben den ver-
nichtenden wirtschaftlichen Folgen wurde vor allem die in
Art. 231 formulierte Alleinschulderklärung in evangelischen
Milieus als Demütigung empfunden. Bei den politischen Kundgebungen der evangelischen Kirchentage in den Jahren der Weimarer Republik wurde regelmäßig der Versailler Vertrag angeklagt. Die Auffassung, dass die westlichen Siegermächte die
im Kaiserreich von 1871 endlich gelungene Nationwerdung des
deutschen Volkes zu zerstören suchten, setzte sich in Köpfen
und Herzen fest. So konnte sich das nationalistische Denken
mit seinen antiwestlichen und antidemokratischen Tendenzen
relativ ungehindert ausbreiten.

In den Jahren nach 1929 wuchs angesichts der wirtschaftlichen und politischen Krise der Republik die Zustimmung
zu den nationalistischen Parolen mit ihren antidemokratischen
Ressentiments, die das «Weimarer System» als Erfüllungsge-
hilfen der antideutschen Politik der Westmächte denunzierten.
Ganz grundsätzlich stellte das völkische Denken unter dem
Leitmotiv der Volksgemeinschaft den als materialistisch, gleich-
macherisch und individualistisch geschmähten und von der
Französischen Revolution bestimmten Gesellschaftsmodellen
des Westens den deutschen Sonderweg entgegen. Die offizielle
Haltung der Personen und Gremien an der Kirchenspitze, ange-

sichts der Auseinandersetzungen «über den Parteien» zu stehen, erwies sich im Hinblick auf die elementare Bedrohung der Republik von rechts wie von links als wenig hilfreich.

Zwischen völkischer Religiosität und Christentum

Die Anfänge der nationalsozialistischen Bewegung lassen sich in die Milieus einer kirchenfeindlichen, völkischen Religiosität zurückverfolgen. Im Jahre 1921 wurde der «Bund für Deutsche Kirche» gegründet. Sein Ziel war es, «die Kirche aus ihrer jüdischen Umklammerung zu befreien und ein deutschheimatlich durchtränktes Christentum zu schaffen.» (zit. in: Meier 1994, 181) Vorsitzender des Bundes war der Engländer und Wahldeutsche Houston Stewart Chamberlain (1855–1927), der – seit 1908 mit Richard Wagners Tochter Eva, verheiratet – mit seinem Werk *Die Grundlagen des 19. Jahrhunderts* einer der Väter der nationalsozialistischen Rassenpolitik war. Völlig mit dem christlichen Erbe gebrochen hatte der 1925 von General Erich Ludendorff gegründete «Tannenbergbund», der sich zum Sammelbecken völkisch-religiöser Gruppen entwickelte.

Führende Mitglieder der am 5. Januar 1919 gegründeten Deutschen Arbeiterpartei, die sich bereits 1920 in Nationalsozialistische Deutsche Arbeiterpartei umbenannte, hingen unterschiedlichen Varianten dieser diffusen völkischen Religiosität an. Auch Hitler selbst bezog die religiösen Elemente seines frühen Denkens, wie er es 1924/25 in dem Werk *Mein Kampf* zu Papier brachte, aus diesem Milieu. Dazu gehörten die Vorstellung einer die Weltgeschichte durchwaltenden Vorsehung und ein mit einem kruden Sozialdarwinismus verbundener Erwählungsgedanke. Demzufolge war die arische Rasse zur Herrschaft über andere, als «minderwertig» bezeichnete Rassen bestimmt. Hinzu kam die Überzeugung, in der Bekämpfung des Judentums als Werkzeug der göttlichen Vorsehung zu handeln.

Hitler wusste jedoch, dass eine Partei, welche im Sinne der neuheidnischen völkischen Religiosität den Kampf mit den Kirchen aufnahm, keinerlei politische Erfolgschancen hatte. So sorgte er früh dafür, dass die Exponenten solcher Strömungen in der Partei in ihre Grenzen gewiesen oder sogar entfernt wurden. Das prominenteste Opfer dieser Strategie war der thüringische NS-Gauleiter Artur Dinter. Dieser hatte eine völkisch-freireligiöse Deutsche Volkskirche gegründet und wurde nach längeren Auseinandersetzungen 1928 aus der Partei ausgeschlossen. Der zeitweilige Chefideologe der NSDAP, Alfred Rosenberg, musste sein gegen das Christentum gerichtetes, 1930 zum ersten Mal erschienenes Werk *Der Mythus des 20. Jahrhunderts* im Vorwort ausdrücklich als «Privatmeinung des Verfassers» kennzeichnen. Hitler selbst hatte bereits 1924 jeden möglichen Konflikt mit dem Christentum zu nivellieren gesucht:

> Es konnte in den Reihen unserer Bewegung der gläubigste Protestant neben dem gläubigsten Katholiken sitzen, ohne je in den geringsten Gewissenskonflikt mit seiner religiösen Überzeugung geraten zu müssen. (Hitler 632)

Die Doppelgesichtigkeit der nationalsozialistischen Religionspolitik kam bereits in dem 25 Artikel umfassenden Parteiprogramm der NSDAP vom 24. Februar 1920 zum Ausdruck. Angesichts eines weltanschaulich neutralen Staates, der von vielen Bürgern selbst als Krisenphänomen wahrgenommen wurde, wird in Artikel 24 die christliche Grundhaltung betont: «Die Partei als solche vertritt den Standpunkt eines positiven Christentums, ohne sich konfessionell an ein bestimmtes Bekenntnis zu binden.» (H/Th 31) Die in Aussicht gestellte Förderung des Christentums bleibt aber sehr vage. Vor allem wird sie sogleich durch rassisch-ideologische Zielsetzungen eingeschränkt. Die Freiheit der religiösen Bekenntnisse im Staat gilt nur, «soweit sie nicht dessen Bestand gefährden oder gegen das Sittlichkeits- und Moralgefühl der germanischen Rasse verstoßen» (ebd.).

In der Öffentlichkeit gab man sich in Kirchenfragen betont neutral. Zugleich förderten führende Nationalsozialisten planmäßig Gruppierungen in der evangelischen Kirche, die diese im Sinne nationalsozialistischen Gedankenguts umzuformen suchten. Mit maßgeblicher Unterstützung des NS-Gauleiters von

Brandenburg und preußischen NSDAP-Fraktionsführers, Wilhelm Kube, kam es im Februar 1932 zur Gründung der sogenannten Glaubensbewegung Deutsche Christen (GDC), später auch Reichsbewegung Deutsche Christen (RDC) genannt. Erster Schritt dazu war der Aufruf des Berliner Pfarrers und späteren Bischofs von Brandenburg, Joachim Hossenfelder, zur Gründung eines nationalsozialistischen Pfarrerbundes.

Die Richtlinien der Deutschen Christen vom 26. Mai 1932 nahmen teilweise wörtlich Formulierungen aus dem Parteiprogramm der NSDAP auf, wenn sie die Praktizierung eines «positiven Christentums» betonten und sich zu einem «bejahenden artgemäßen Christus-Glauben» bekannten (KJ 14; H/Th 47). In aller Klarheit wurde hier nationalsozialistische Rassenideologie zum Inhalt evangelischer Lehre erklärt:

> Wir sehen in Rasse, Volkstum und Nation uns von Gott geschenkte und anvertraute Lebensordnungen, für deren Erhaltung zu sorgen uns Gottes Gesetz ist. Daher ist der Rassenvermischung entgegenzutreten. [...] In der Judenmission sehen wir eine schwere Gefahr für unser Volkstum. Sie ist das Eingangstor fremden Blutes in unseren Volkskörper. [...] Insbesondere ist die Eheschließung zwischen Deutschen und Juden zu verbieten. (KJ 15; H/Th 47 f.)

Schon drei Jahre zuvor, im Jahr 1929, hatten die beiden nationalsozialistischen Pfarrer Julius Leutheuser und Siegfried Leffler in Thüringen eine «Kirchenbewegung Deutsche Christen» gegründet. Die beiden wegen massiver parteipolitischer Tätigkeit aus dem bayerischen Pfarrdienst Entlassenen gingen in ihren Vorstellungen von der Umgestaltung der evangelischen Kirche noch deutlich über Hossenfelders Glaubensbewegung Deutsche Christen hinaus. Ihr Ziel war eine überkonfessionelle deutsche Nationalkirche. Die traditionelle Trinitätslehre wurde zur neuen Trinität von Gott, Führer und Volk uminterpretiert. Ein solcher offener Bruch mit der Lehre und den Bekenntnissen der evangelischen Kirche wurde andernorts jedoch vermieden. So konnte die Glaubensbewegung Deutsche Christen – nicht zuletzt aufgrund der Unterstützung führender Nationalsozialisten – bei den preußischen Kirchenwahlen im November 1932 immerhin ca. ein Drittel aller Sitze gewinnen.

Abweichende Positionen

Seit Mitte der zwanziger Jahre hatte sich die katholische Kirche in offiziellen Stellungnahmen unzweideutig gegen die Weltanschauung des Nationalsozialismus gewandt. Der Anspruch, das ewig gültige christliche Sittengesetz an dem Moralgefühl der germanischen Rasse messen zu wollen, wurde scharf kritisiert. Die Bischöfe der Kirchenprovinz Paderborn bezeichneten die Formulierungen aus dem Parteiprogramm vom 24. Februar 1920 in einer Kundgebung vom 10. März 1931 als «im offenen Gegensatz zur katholischen Religion» stehend und «direkt gegen die christlichen Grundsätze gerichtet» (Akten I, 821). In einer *Pastoralen Anweisung* des bayerischen Episkopats vom 10. Februar 1931 wurde kritisiert, dass der Nationalsozialismus «eine neue Weltanschauung an die Stelle des christlichen Glaubens» setzen wolle (Akten I, 806; Gruber 6). Ein Protokoll vom 17. August 1932 hob hervor, dass sämtliche Ordinariate der Fuldaer Bischofskonferenz die Zugehörigkeit zur NSDAP für unerlaubt erklärten (Akten I, 843; Gruber 13).

Die Stellungnahmen aus dem Bereich der evangelischen Kirche waren weniger eindeutig und von großer Pluralität gekennzeichnet. Auf der Ebene der Kirchenleitungen hielt man sich mit Äußerungen zurück, da man grundsätzlich eine Haltung der parteipolitischen Neutralität einnahm. Unter den Pfarrern und im Kirchenvolk war man empfänglich für die antiwestlichen und antidemokratischen Parolen nationalistischer Agitatoren. Gleichwohl fand auch hier Rosenbergs *Mythus des 20. Jahrhunderts* heftigen Widerspruch, insbesondere durch Walter Künneth, den Leiter der Apologetischen Zentrale im Evangelischen Johannesstift Berlin-Spandau.

Unter den jüngeren Theologen reichte das Spektrum von begeisterter Zustimmung bis zu unmissverständlicher Ablehnung aus theologischen wie weltanschaulich-politischen Gründen. Auf der einen Seite standen Theologen, die wie der Göttinger

Systematiker Emanuel Hirsch Hitler und den Nationalsozialismus als von Gott gesandt geschichtstheologisch aufwerteten. Dann gab es eine kleine Gruppe von liberalen Theologen, die wie der Marburger Kirchenhistoriker Hans von Soden die Errungenschaften des politischen Liberalismus wertschätzten und sich dem verbreiteten Antiindividualismus und Antiliberalismus verweigerten. Zum wichtigsten Reservoir der späteren Bekennenden Kirche entwickelte sich eine seit dem Ende des Ersten Weltkriegs von dem Schweizer Karl Barth angeführte Reformbewegung. Hier suchte man die evangelische Theologie durch eine konsequente Rückbesinnung auf die biblische Offenbarung zu erneuern und grundsätzlich kritisch gegen jede Art von zeitgemäßer Inanspruchnahme zu positionieren. Vertreter dieser «Wort-Gottes-Theologie» oder «dialektische Theologie» genannten Richtung waren in der Lage, gegen das Eindringen völkischen Denkens in die Lehre der Kirche zu argumentieren. Sie konnten indes aus grundsätzlich-theologischen Gründen kaum affirmativ für die neue Republik wirken. Vor allem aber blieb diese Reformbewegung in den Jahren bis 1933 ein auf Teile der Theologenschaft beschränktes Phänomen, das nur in bescheidenem Maße in breitere evangelische Bevölkerungsschichten ausstrahlte. Analysen des Wahlverhaltens am Ende der Weimarer Republik zeigen jedenfalls eine im Vergleich zu katholischen Milieus relativ große Offenheit der protestantischen Bevölkerung gegenüber den nationalsozialistischen Versprechungen (vgl. Hummel/Kißener 312–317, mit Karten).

2. Hoffnung und Ernüchterung (1933)

Anknüpfung an christliche Traditionen?

Hitlers Machtübernahme am 30. Januar 1933 erfolgte in der Atmosphäre einer tiefen Verunsicherung. Die Folgen der Weltwirtschaftskrise seit November 1929, die Belastungen durch Reparationszahlungen infolge des Versailler Friedensvertrags sowie die rasch wachsende Anhängerschaft der radikalen, republikfeindlichen Parteien am rechten und linken Rand führten Anfang der dreißiger Jahre zu einer schweren Krise. Inmitten der eskalierenden Auseinandersetzungen präsentierten sich die Nationalsozialisten als die Kraft, die in der Lage war, Autorität wiederherzustellen. Die Rede von der «nationalen Erhebung» oder der «nationalen Revolution» fand angesichts der Auflösungserscheinungen der Weimarer Demokratie auch in den Kirchen viel Anhängerschaft.

Hitler gelang es, seine skrupellose Machtpolitik und sein widerrechtliches Vorgehen gegen politische Gegner so zu verschleiern, dass die Mehrheit der Deutschen daran keinen Anstoß nahm. Eine entscheidende Rolle bei dem Versuch, sich als Hüter der Ordnung und des deutschen Erbes zu präsentieren, spielte die bewusste Anknüpfung an christliche Traditionen. Schon in dem «Aufruf der Reichsregierung an das deutsche Volk», der am Abend des 1. Februar 1933 vom Rundfunk übertragen wurde, bediente sich Hitler eines pseudoreligiösen Vokabulars (Domarus I/1, 191–194). Er sprach von dem Segen, den der Allmächtige dem deutschen Volk entzogen habe, und von dem Gelöbnis, das «wir als nationale Führer Gott, unserem Gewissen und unserem Volke» ablegen (ebd., 192). Die nationale Regierung werde «das Christentum als Basis unserer gesamten Moral, die Familie als Keimzelle unseres Volks- und Staatskörpers in ihren festen Schutz nehmen» (ebd.). Hitler schloss mit der fast liturgisch formulierten Bitte:

> Möge der allmächtige Gott unsere Arbeit in seine Gnade nehmen, unseren Willen recht gestalten, unsere Einsicht segnen und uns mit dem Vertrauen unseres Volkes beglücken. (ebd., 194)

Am 10. Februar 1933 eröffnete Hitler den Wahlkampf für die Reichstagswahlen mit einer Rede im Berliner Sportpalast, die wiederum in pseudoreligiösen Bekenntnisformulierungen gipfelte. Hitler ließ die Ansprache in einer dem Vaterunser nachempfundenen Glorifizierung des deutschen Reiches enden und schloss mit einem «Amen» (ebd., 208). Die nationalsozialistischen Medien hoben in Leitartikeln «Hitlers Bekenntnis zum christlichen Staat» hervor und berichteten unaufhörlich von den Zügen der SA-Stürme in die Gotteshäuser (vgl. Dokumente I, 6–8; Scholder I, 321). Am 4. Februar wurde eine vom national-sozialistischen Innenminister Frick vorbereitete Verordnung «Zum Schutze des deutschen Volkes» erlassen, die die Beschimpfung und Verächtlichmachung religiöser Einrichtungen und Gebräuche mit Strafverfolgung bedrohte. Noch im selben Monat führte die kommissarische preußische Regierung gleichzeitig mit dem Abbau der religionslosen «weltlichen Schulen» den Religionsunterricht als ordentliches Lehrfach auch in den Berufs- und Fortbildungsschulen wieder ein.

Immer wieder hoben führende Nationalsozialisten die Bedeutung der christlichen Kirchen im Kampf gegen den Bolschewismus hervor. Der am 3. Februar zum kommissarisch amtierenden preußischen Kultusminister ernannte Bernhard Rust suchte in seiner ersten Rede vor den Angestellten des Ministeriums alle Ängste vor einem neuen Kulturkampf, die mit der Ernennung eines Nationalsozialisten zum Kultusminister verbunden waren, zu zerstreuen. Sein Hauptanliegen, das der *Völkische Beobachter* als Überschrift eines Leitartikels aufgriff, war die Beschwörung der gemeinsamen Front der christlichen Kirchen und des Nationalsozialismus in dem «erbitterten Existenzkampf gegen den Bolschewismus.» (Dokumente I, 5) Wie andere Nationalsozialisten beendete er seine Vorstellungsrede mit verschleiernden christlichen Formeln: «Im Vertrauen auf Gott und im Glauben an unser Volk gehen wir an unsere Aufgaben. Kann es etwas Schöneres geben?» (ebd., 6)

Einen vorläufigen Höhepunkt der nationalsozialistischen Beschwichtigungstaktik gegenüber den Kirchen bildete die geschickt inszenierte Eröffnung des Reichstags in der Potsdamer Garnisonkirche am 21. März und Hitlers zwei Tage später vorgetragene Regierungserklärung. Schon der Termin, den man im Anklang an die feierliche Eröffnung des ersten Reichstags des «zweiten Reiches» am 21. März 1871 wählte, wie auch der Ort, die Garnisonkirche, dienten dazu, die Kontinuität der jungen nationalsozialistischen Bewegung mit den großen Traditionen des alten Preußen zu unterstreichen. Die Kirchen hatten dabei die ihnen zukommende Rolle zu spielen und die erwünschte religiöse Weihe der Zeremonie zu liefern. Obwohl vereinzelter Widerspruch kirchlicherseits gewisse Einschränkungen notwendig machte, erreichten die Nationalsozialisten ihr Ziel einer christlichen Aufwertung der «nationalen Revolution».

Zwei Tage später sicherte Hitler in seiner Regierungserklärung den christlichen Kirchen nicht nur ganz allgemein den Schutz und die Förderung des Staates zu, sondern garantierte zudem ihre rechtliche Unantastbarkeit. Er hob hervor, dass die nationale Regierung in den beiden christlichen Konfessionen «wichtigste Faktoren der Erhaltung unseres Volkstums» sehe (Dokumente I, 24). Damit sollten die Ängste vor einer in den Jahren zuvor angedrohten Kündigung der bestehenden Kirchenverträge oder einer Änderung der Artikel der Weimarer Reichsverfassung, die das Verhältnis von Kirche und Staat regelten, zerstreut werden. Zugleich machte Hitler den Kirchen Hoffnungen auf eine Steigerung ihres Einflusses, indem er eine großzügige Haltung des künftigen Staates in der umstrittenen Frage der Stellung der Kirchen im Schul- und Erziehungswesen zur Schau stellte. Zwar wies Hitler den Kirchen ihren Platz im «Kampf gegen die materialistische Weltauffassung» sowie bei der «Arbeit an der nationalen und sittlichen Erhebung unseres Volkes» zu; einem künftigen Arrangement der Kirchen mit dem neuen Staat schien jedoch wenig im Wege zu stehen.

Der große Stimmungswechsel

Die massive Inanspruchnahme christlicher Traditionen durch Hitler und andere führende Nationalsozialisten in den ersten Wochen nach der Machtübernahme bewirkte einen grundlegenden Umschwung der Stimmung in kirchlichen Kreisen. Zwar blieben die Voten der katholischen Bischöfe anfangs kritisch, und auch die evangelischen Kirchenleitungen verharrten erst einmal bei ihrer zurückhaltend-skeptischen Haltung. Ab der zweiten Märzhälfte war jedoch sowohl von katholischer als auch von evangelischer Seite umfassende und teilweise begeisterte Zustimmung zum «nationalen Aufbruch» zu hören. Bis zu diesem Zeitpunkt waren Aktionen wie der Aufruf des Präsidiums des Evangelischen Bundes, bei den Märzwahlen für Hitler und seinen Vizekanzler Franz von Papen zu stimmen, auch im Bereich der evangelischen Kirche die große Ausnahme.

So warnte der württembergische Kirchenpräsident Theophil Wurm Anfang März in einer Eingabe an den Deutschen Evangelischen Kirchenausschuss, das oberste Leitungsgremium der evangelischen Landeskirchen im Reich, vor einem Verlust der Freiheit der Kirche gegenüber dem Staat. Zuvor, am 15. Februar, hatte Wurm dem Präsidenten des Kirchenausschusses, Hermann Kapler, zwei Entwürfe für eine vorgesehene Kundgebung gesandt, in denen er an das Bibelwort, dass Gerechtigkeit ein Volk erhöht (Sprüche 14,34), erinnert (Schäfer I, 236–238, bes. 237). Freilich wird Gerechtigkeit in einem antiliberalen Sinne ganz von den Lebensnotwendigkeiten des Volkes und des Staates her verstanden, nicht vom Einzelnen und seinen unaufgebbaren Grundrechten her. Wurm verband die Mahnung mit einer ausdrücklichen Würdigung der Verdienste der Bewegung in Anbetracht der Versäumnisse des Liberalismus gegenüber zersetzenden Einflüssen und der bolschewistischen Bedrohung.

Daneben lag dem Kirchenausschuss der Entwurf für eine Kundgebung vor, den der konservative bayerische Lutheraner und Präsident des Kirchentages, Freiherr von Pechmann, verfasst hatte und der sich scharf gegen die nationalsozialistischen Wahlkampf- und Propagandamethoden wandte. Die Kirche könne dazu nicht schweigen, sondern habe ihre Mitglieder aufzurufen: «Je mehr des Hasses, desto mehr Liebe! Röm. 12,21 [...] Je mehr Lüge, desto strengere Wahrhaftigkeit! Nehmet es ernst mit dem achten Gebot!» (ebd., 243) Auch wenn der Kirchenausschuss sich insgesamt nicht zu solch klarer Stellungnahme durchringen konnte, waren sich einige der Kirchenführer ihrer Verantwortung nicht nur für die Unabhängigkeit der Kirche, sondern auch für die künftige Entwicklung des politischen Lebens bewusst.

Großes Aufsehen erregte ein vertrauliches, aber kurze Zeit später in einem nationalsozialistischen Parteiblatt veröffentlichtes Schreiben des kurmärkischen Generalsuperintendenten Dibelius an die Pfarrer seines Sprengels am 8. März 1933. Vor dem Hintergrund einer bewusst nationalen Haltung begrüßte er die Wiederherstellung klarer verfassungsrechtlicher Verhältnisse. Das zentrale Problem für die Kirche sah er wie schon Wurm darin, ihre Überparteilichkeit und Unabhängigkeit zu bewahren. An vier Punkten werde die Entscheidung fallen: Zum einen gelte es, die Reinheit der evangelischen Verkündigung zu wahren, da das Evangelium im Gegensatz zu jeder menschlichen Ideologie stehe. Sodann müsse die Verantwortung der Kirche für die Gesamtheit des Volkes festgehalten und eine Inanspruchnahme des Christentums durch die nationalsozialistischen Führer abgewehrt werden. Daneben sei die kirchliche Disziplin zu wahren und die Übernahme kirchenfremder Gebräuche in das kirchliche Leben zu vermeiden. Schließlich müsse die Kirche gerade jetzt «das Gewissen des Staates» bleiben und «im großen und kleinen tapfer und offen» sagen, «was nach Gottes Wort recht und was unrecht» sei (zit. in: Scholder I, 294).

Dibelius sah durchaus die Verantwortung der Kirche für die Bewahrung des Rechts im politischen Leben. Dessen inhaltliche Bestimmung übernahm er jedoch ähnlich wie Wurm unbesehen von der an die Macht gelangten «nationalen Bewegung». Neben der Fehleinschätzung der Kanzlerschaft Hitlers erwies sich diese unkritische Teilhabe an einem verbreiteten Rechts- und Staatsverständnis als verhängnisvoll. Selbst von antiliberalen Affekten und völkischem Gedankengut beeinflusst, war man nicht in der Lage, die politische Umwälzung mit ihren Folgen für das Recht kritisch zu begleiten. Die Ursache des Scheiterns lag weniger in einer Ängstlichkeit gegenüber den neuen Machthabern als in der Unfähigkeit zu selbständigem politischen Urteil. Darauf deutet die viel konsequentere Abwehr der Eingriffe von Partei und Staat in die Kirche hin.

Symptomatisch für die Veränderung des Tenors der kirchlichen Stellungnahmen von einer abwartend-skeptischen hin zu einer freudig-bejahenden Grundhaltung gegenüber der nationalen Revolution war die Predigt Otto Dibelius' anlässlich der Eröffnung des neuen Reichstags in der Potsdamer Nikolaikirche.

Trotz brieflicher Aufforderungen, angesichts der nationalsozialistischen Gewaltmaßnahmen Gerechtigkeit anzumahnen, fiel Dibelius in der feierlichen Atmosphäre des 21. März in den schwärmerischen Ton der nationalen Erhebung. Schon die Wahl des Predigttextes Röm 8,31 «Ist Gott für uns, wer mag wider uns sein?» beinhaltete die Gefahr einer religiösen Überhöhung der nationalen Siegesstimmung. Mit den Worten Heinrich von Treitschkes beschwor Dibelius den begeisternden Aufblick zum eigenen Staat als «eine der erhabensten Empfindungen im Leben eines Mannes.» (van Norden 52–55) Zwar betonte er, dass staatliches Amt sich nicht mit persönlicher Willkür vermengen dürfe, aber diese Forderung wurde sogleich wieder eingeschränkt. Ein neuer Anfang staatlicher Geschichte stehe immer irgendwie im Zeichen der Gewalt, denn der Staat sei Macht. Gerechtigkeit und Liebe müssten walten – aber erst wenn die Ordnung wiederhergestellt sei.

Die Beiträge der großen protestantischen Wochenzeitschrift *Das evangelische Deutschland* spiegeln den in der zweiten Märzhälfte erfolgten Umschwung der Stimmung wider. In der Ausgabe vom 9. März waren noch die üblichen Aufrufe zur Mitarbeit der Kirche am Kampf des Staates gegen den Bolschewismus und die Bekundung der Verbundenheit mit Volk und Vaterland zu lesen. Die folgende Ausgabe vom 26. März druckte auf der ersten Seite Otto Dibelius' Predigt zur Reichstagseröffnung ab und versah sie mit der bezeichnenden Schlagzeile «Ein Reich, ein Volk, ein Gott». In den Berichten «Aus Kirche, Leben und Zeit» wurden vier Kundgebungen evangelischer Kirchenleitungen zum Verhältnis von Kirche und Staat wiedergegeben. Drei davon begrüßten die Wende im politischen Leben «aufs freudigste».

Eine Woche nach der Eröffnung des neuen Reichstags und wenige Tage nachdem das Ermächtigungsgesetz unter Zustimmung der katholischen Zentrumspartei wesentliche Elemente der Weimarer Reichsverfassung außer Kraft gesetzt hatte, kam es auch im Bereich der katholischen Kirche zu einer folgenreichen Veränderung. Am 28. März 1933 ließen die deutschen Bischöfe eine Kundgebung verlauten, die als grundsätzlicher Wandel in der Einstellung der katholischen Kirche zum Nationalsozialismus wahrgenommen wurde. Der entscheidende Satz des Bischofswortes lautete:

> Ohne die in unseren früheren Maßnahmen liegende Verurteilung bestimmter religiös-sittlicher Irrtümer aufzuheben, glaubt daher der Episkopat das Vertrauen hegen zu können, daß die vorbezeichneten allgemeinen Verbote und Warnungen nicht mehr als notwendig betrachtet zu werden brauchen. (Akten I, 31; Gruber 39 f.)

Am 11. April 1933 verabschiedete die versammelte Kirchenleitung der altpreußischen Union ein überschwängliches Bekenntnis zum neuen Staat. Diese Botschaft, die von allen Kanzeln der größten Landeskirche Deutschlands am Ostersonntag verlesen werden sollte, verband man mit der Aufforderung an alle Pfarrer, des bevorstehenden Geburtstages des Reichskanzlers im Gottesdienst fürbittend zu gedenken. Die Osterbotschaft wandte sich an ein Volk, zu dem Gott angeblich «durch eine große Wende» gesprochen habe. Man wusste sich «mit der Führung des neuen Deutschlands dankbar verbunden» und gab sich «freudig bereit zur Mitarbeit an der nationalen und sittlichen Erneuerung unseres Volkes» (zit. in: Scholder I, 339). Kein Wort der Mahnung oder der Erinnerung an die Opfer des neuen Kurses war in dieser Kundgebung, vor der als einziges Mitglied der versammelten Kirchenleitung Otto Dibelius gewarnt hatte, zu hören.

Das wahre Gesicht des neuen Regimes

Durch den Stimmungsumschwung in der zweiten Märzhälfte war der Blick vieler Verantwortlicher in den Kirchen getrübt. Man nahm es kaum wahr, als sich kurz darauf die christentumsfeindlichen Tendenzen des Nationalsozialismus offen zeigten. Es begann mit dem Aufruf zum Boykott der Geschäfte von Mitbürgern jüdischer Herkunft am 1. April 1933. Repräsentanten der Partei und ihrer Gliederungen, und hier insbesondere der SA, scheuten sich nicht, bei ihren Aktionen an niedere, christlichen Grundsätzen von Nächstenliebe diametral zuwiderlaufende Instinkte zu appellieren. Am 7. April wurde das Gesetz zur Wiederherstellung des Berufsbeamtentums erlassen, dessen Paragraph 3, der sogenannte «Nichtarierparagraph», die Entlassung aller Beamter mit einem jüdischen Eltern- oder Großelternteil verfügte. Zum ersten Mal zeigten sich hier die konkreten Auswirkungen der nationalsozialistischen, pseudoreligiösen Rasseidee auf die Umgestaltung des Rechts.

Fast zeitgleich offenbarte die vom 3. bis 5. April mit großem Propagandaaufwand durchgeführte erste Reichstagung der Glaubensbewegung Deutsche Christen in aller Klarheit die Ziele der nationalsozialistischen Umgestaltung des Christentums. Sowohl die Einsetzung eines Ehrenausschusses, dem neben anderen die Reichsminister Frick und Göring, der Berliner SA-Führer Graf Helldorf sowie der preußische Landtagspräsident Hanns Kerrl angehörten, als auch die Übertragung der gesamten Tagung im Rundfunk demonstrierten den Rückhalt der Deutschen Christen in der NSDAP-Führung. Vor allem aber sprach einer der maßgeblichen Initiatoren der Tagung, Wilhelm Kube, die Absicht der Nationalsozialisten, mit staatlichen Mitteln in das kirchliche Leben einzugreifen, offen aus. Kube betonte, er rede nicht so sehr in seiner Eigenschaft als Oberpräsident von Berlin und Brandenburg, sondern vielmehr als Führer der preußischen Landtagsfraktion der NSDAP, und er versicherte den versammelten Deutschen Christen:

> Sie dürfen die Gewißheit entgegennehmen, daß die preußische Landtagsfraktion der NSDAP rücksichtslos mit allen ihr zu Gebote stehenden Mitteln des Etatrechts und der durch den Kirchenvertrag uns gegebenen Personalpolitik der Umstellung in unserem Volk auch auf dem Gebiet der Kirchenpolitik Rechnung tragen wird. (Dokumente I, 30)

Damit kündigte der oberste preußische Beamte den pseudolegalen Eingriff staatlicher Instanzen unter Berufung auf die sogenannte «politische Klausel» des preußischen Kirchenvertrages an. Diese besagte, dass nur jemand zum Vorsitzenden einer Behörde der Kirchenleitung ernannt werden sollte, gegen den von Seiten der preußischen Staatsregierung keine Bedenken politischer Art bestünden. Die Beiträge der übrigen Referenten zeigten ebenfalls, dass die nationalsozialistische Parteiführung mit ihrer Förderung der Deutschen Christen lediglich das Ziel verfolgte, die staatliche Gleichschaltungspolitik im Bereich der evangelischen Kirche voranzutreiben.

Organisatorische Anpassung

Im April weiteten sich die Diskussionen über eine grundlegende Reform der evangelischen Kirche aus. Angesichts des nationalen Aufbruchs wollten die Verantwortlichen in der Kirche nicht abseits stehen und bei der überkommenen landeskirchlichen Zersplitterung verharren. Nachdem die beiden Gesetze zur Gleichschaltung der Länder mit dem Reich verabschiedet worden waren, setzte eine breite Diskussion im deutschen Protestantismus ein, wie die Kirche ihre Verfassung den neuen Verhältnissen gemäß umgestalten müsse.

Auch die Gerüchte über ein bevorstehendes Reichskonkordat mit der katholischen Kirche förderten den Plan einer durchgreifenden Reform der gesamtkirchlichen Organisation. Die Schaffung einer Deutschen Evangelischen Reichskirche sollte eine bessere Vertretung kirchlicher Interessen gegenüber der Staatsgewalt gewährleisten. Durch die Gleichschaltung der Länder war diese inzwischen weitgehend zentralisiert. Die zahlreichen Beiträge zu der Frage in verschiedenen kirchlichen Zeitungen liefen im Wesentlichen auf folgende Position hinaus: Während man mit den Deutschen Christen in der Bejahung des neuen Staates übereinstimmte, wollte man im Gegensatz zu diesen eine von staatlichen Eingriffen unabhängige Reform. Am 13. April veröffentlichte der angesehene, eben in den Ruhestand getretene Generalsuperintendent der westfälischen Kirche, Wilhelm Zoellner, seinen außerordentlich wirkungsvollen Aufruf zur Bildung einer «Evangelischen Kirche Deutscher Nation» (Schmidt I, 140 f.). Zoellner forderte zum einen die Einsetzung von Bischöfen an der Spitze der Kirche und die Abschaffung der in «falscher Angleichung an das demokratische Prinzip von Weimar» entstandenen Kirchenparlamente. Zum anderen strebte er die Bildung einer Evangelischen Kirche deutscher Nation auf klarer Bekenntnisgrundlage bei gleichzeitiger Unantastbarkeit der Bekenntnisse der verschiedenen evangelischen Kirchen an.

Der Großteil der Theologen und Kirchenführer wehrte sich zwar entschieden gegen staatliche Eingriffe in das kirchliche Leben, wie sie die Äußerungen Kubes und der Deutschen Christen Anfang April befürchten lassen konnten. Nur wenige sahen jedoch schon in den kirchlichen Reformbestrebungen einen Einbruch des Politischen in das kirchliche Leben. So warnte Freiherr von Pechmann davor, sich eine Kirchenreform von außen aufdrängen zu lassen:

> [...] vor solcher Nötigung kann und darf die Kirche nicht einen Schritt zurückweichen, wenn anders sie Kirche bleiben, wenn sie nicht der tödlichen Gefahr unterliegen will, daß sie ihrer Sendung untreu und zum Dienst daran untauglich werde [...]. (van Norden 277)

Noch im gleichen Monat führten die Reformbemühungen zu einem ersten konkreten Ergebnis. Seit 1922 waren die 28 evangelischen Landeskirchen im Deutschen Evangelischen Kirchenbund (DEKB) locker zusammengeschlossen. Dominiert wurde der Kirchenbund von der mit Abstand größten Landeskirche, der Evangelischen Kirche der altpreußischen Union. Diese umfasste im Wesentlichen die Gebiete, die Preußen vor 1866 besaß, und wurde geleitet von dem Evangelischen Oberkirchenrat in Berlin. Dessen Präsident war zugleich auch der Vorsitzende des Leitungsgremiums des Kirchenbundes, des Deutschen Evangelischen Kirchenausschusses (DEKA). In dieser Position berief Hermann Kapler am 23. April ein «Dreimännerkollegium» ein, das eine Reform der Verfassung des deutschen Protestantismus vorbereiten sollte.

Die lutherischen Kirchen vertrat der Landesbischof der Hannoverschen Kirche, August Marahrens, die reformierten der

Studiendirektor des Wuppertaler Predigerseminars, Hermann Albert Hesse, und die unierten Kirchen Kapler. Bereits zwei Tage später, am 25. April, ließ Hitler mitteilen, dass er den Königsberger Wehrkreispfarrer und Leiter der ostpreußischen Deutschen Christen, Ludwig Müller, zu seinem «Bevollmächtigten für die Angelegenheiten der evangelischen Kirche» berufen habe. Hitler gab seinem Willen Ausdruck, diesen an den Reformberatungen zu beteiligen, und formulierte darüber hinaus das Ziel einer Überwindung der landeskirchlichen Zersplitterung.

Knapp vier Wochen tagte das angesichts der Intervention Hitlers um Müller erweiterte «Dreimännerkollegium» im Kloster Loccum. Am 20. Mai 1933 wurde das Beratungsergebnis, das sogenannte Loccumer Manifest, veröffentlicht (Schmidt I, 153 f.; H/Th 96 f.). In knappen Worten und umrahmt von Bezügen auf die «Wende» der deutschen Geschichte, in der man «Gottes Fügung» wirksam sah, skizziert der Text die künftige Verfassung der Deutschen Evangelischen Kirche (DEK). Die Leitung sollte danach ein Reichsbischof lutherischen Bekenntnisses innehaben, dem ein Geistliches Ministerium zur Seite zu stellen war.

Kurz zuvor, am 12. Mai, war eine kirchenpolitische Gruppierung an die Öffentlichkeit getreten, die der massiven Verletzung des Bekenntnisses durch die Deutschen Christen zu wehren suchte. Man nannte sich programmatisch «Jungreformatorische Bewegung», um deutlich zu machen, dass es um die Wahrung der reformatorischen Bekenntnisse ging, nicht jedoch um ein rückwärtsgewandtes Ausweichen vor den Herausforderungen der neuen Zeit. Zu den Unterzeichnern des Gründungsaufrufs (Schmidt I, 145 f.; H/Th 110 f.) gehörten neben Walter Künneth und Hanns Lilje, dem Generalsekretär der Deutschen Christlichen Studentenvereinigung, unter anderem der Theologieprofessor Friedrich Gogarten sowie führende Vertreter der liturgischen Bewegung wie Karl Bernhard Ritter und Wilhelm Stählin. Später stießen der Berlin-Dahlemer Pfarrer Martin Niemöller und der junge Berliner Privatdozent und Pfarrer Dietrich Bonhoeffer hinzu. Man war sich einig in der Abwehr der deutsch-christlichen Irrlehre und forderte angesichts des Auftretens Müllers und der Deutschen Christen die sofortige Einsetzung eines Reichsbischofs durch das Dreimännerkollegium. Als Kandidat wurde der hochangesehene Leiter der Betheler Anstalten, Friedrich von Bodelschwingh d. J., vorgeschlagen. Am 27. Mai fand die Wahl dann tatsächlich statt, obwohl die Kirchenjuristen davor gewarnt hatten, da die rechtlichen Voraussetzungen dafür fehlten. Die Umwandlung der juristisch nicht abgesicherten Wahl in eine «Designation» konnte nicht verhindern, dass nun von Seiten der Deutschen Christen und führender Nationalsozialisten ein Kesseltreiben gegen von Bodelschwingh einsetzte. Sowohl der Reichskanzler als auch der Reichspräsident weigerten sich, den «designierten» Reichsbischof zu empfangen. Nur wenige Wochen später trat dieser zurück.

Zu einer weiteren Zuspitzung kam es, als Kapler Anfang Juni in den Ruhestand trat und der Kirchensenat einen Nachfolger einsetzte. Man glaubte, auf die im preußischen Kirchenvertrag vorgesehene Zustimmung durch staatliche Stellen verzichten zu können, weil die Ernennung nur kommissarisch erfolgte. Der preußische Kultusminister Rust protestierte indes energisch und warf der Kirche vor, den Rechtsboden verlassen zu haben. Am 24. Juni wurde der Leiter der Kirchenabteilung im Kultusministerium, Ministerialdirektor August Jäger, zum Staatskommissar «für den Bereich sämtlicher ev. Landeskirchen Preußens» ernannt (Dokumente I, 69). Die evangelischen Landeskirchen Preußens legten dagegen sogleich beim Reichspräsidenten und der Reichsregierung feierliche Verwahrung ein. Der Berliner Evangelische Oberkirchenrat reichte Klage beim Staatsgerichtshof ein und weigerte sich fast ohne Ausnahme, mit Jäger zusammenzuarbeiten. Am 26. Juni traten die altpreußischen Generalsuperintendenten mit einem Protestaufruf an die Öffentlichkeit und ordneten für den folgenden Sonntag einen Buß- und Betgottesdienst an (van Norden 81 f.). Der Staatskommissar sah in diesen Maßnahmen Volks- und Staatsverrat und ließ fast den gesamten Evangelischen Oberkirchenrat, Dibelius und andere Generalsuperintendenten beurlauben und durch Vertreter der Deutschen Christen ersetzen.

Angesichts des überaus harten Vorgehens Jägers lud Reichspräsident Paul von Hindenburg Hitler am 29. Juni zu sich und trug ihm seine Bedenken vor. Daraufhin gelangte man innerhalb von knapp zehn Tagen zu einer neuen Verfassung der Deutschen Evangelischen Kirche (KJ 27–33; H/Th 103–109). Am 11. Juli unterschrieben die Vertreter sämtlicher Landeskirchen, und drei Tage später wurde die Verfassung durch ein Reichsgesetz bestätigt. Damit waren zugleich allgemeine Kirchenwahlen für den 23. Juli 1933 festgelegt. Rust zog seinen Staatskommissar zurück, und die beurlaubten bzw. entlassenen Kirchenleitungen wurden wieder eingesetzt.

Der entschiedene Widerspruch gegen die Eingriffe des Staates im Zuge einer verschärften Gleichschaltungspolitik hatte somit Erfolg. Die Bilanz war gleichwohl durchwachsen, war es doch bereits vorhersehbar, dass die Kirchenwahlen zu einer verstärkten nationalsozialistischen Einflussnahme führen würden. Auch hatte man mit der mangelnden Entschiedenheit bei der Unterstützung von Bodelschwinghs und dessen Rücktritt eine folgenschwere Niederlage erlitten. Und schließlich konnte sich Hitler einmal mehr als der über den Parteien stehende «Führer» präsentieren, dem die Überwindung des Streits gelungen war.

Inmitten einer verschärften Gleichschaltungspolitik, die zur Vernichtung der Gewerkschaften, der Zerschlagung der Parteien und der Knebelung der Pressefreiheit wie des kulturellen Lebens insgesamt führte, fand nun ein kurzer und intensiver Wahlkampf statt. In einzelnen Landeskirchen wie in Bayern und Württemberg wurden Einheitslisten gebildet, so dass hier kein Wahlkampf geführt werden musste. In den großen Landeskirchen Preußens hingegen standen die Kandidaten der Jungreformatorischen Bewegung gegen die Deutschen Christen. Mit Entschiedenheit suchten die Jungreformatoren die Eingriffe in Lehre und Leben der Kirche abzuwehren. Aber gerade weil man nicht als Gegner der nationalen Erhebung erscheinen wollte, betonte man zugleich umso emphatischer seine Ergebenheit gegenüber der Reichsregierung.

Eine der wenigen Ausnahmen bildete Karl Barth, der in Bonn mit einer eigenen Liste «Für die Freiheit des Evangeliums» antrat und auch gewählt wurde. Barth sah bei den Vertretern der Jungreformatorischen Bewegung die Gefahr, doch wieder poli-

tische Entwicklungen religiös zu überhöhen, indem man ge-
schichtliche Ereignisse oder Sachverhalte dieser Welt zu Schöp-
fungsordnungen erklärte. Am 1. Juli hatte Barth eine Schrift mit
dem programmatischen Titel *Theologische Existenz heute!* zum
Druck gebracht. In der aufgeregten Reformpolitik sah er bereits
das Politische und mit der ständigen Betonung der Mitarbeit
der Kirche am Staat einen neuen «Fundamentalartikel» in die
Kirche eingedrungen. Der beste Dienst an den Menschen sei die
treue Verkündigung des anvertrauten Wortes Gottes und die
entsprechende Konzentration auf die theologische Existenz. Am
Ende der Schrift hieß es dann unmissverständlich:

> Was wir heute in erster Linie brauchen, ist doch ein geistliches Wi-
> derstandszentrum, das einem kirchenpolitischen erst Sinn und Sub-
> stanz geben würde. (Barth 36)

Barths Schrift erfuhr innerhalb von zwei Wochen vier Auflagen
mit 12 000 Exemplaren, und bis zur Beschlagnahme im Juli
1934 waren bereits 37 000 Exemplare verbreitet worden.

Wie zu erwarten, erhielten die Deutschen Christen massive
Unterstützung durch die NSDAP. Ein streng vertrauliches
Schreiben der Reichsleitung an alle Gauleiter forderte am
14. Juli nachdrücklich dazu auf, den Deutschen Christen mit
Rat und Tat zur Seite zu stehen (Scholder I, 628). Presse und
Rundfunk würden, so das Schreiben, vom Ministerium für
Volksaufklärung und Propaganda «eingesetzt». Am Abend vor
der Wahl hielt Hitler selbst eine Rundfunkansprache, in der er
offen zur Wahl der Deutschen Christen aufrief (Dokumente I,
119 f.; H/Th 121–123). Entsprechend endeten die Kirchenwahlen am 23. Juli mit einem überwältigenden Erfolg der Deutschen
Christen (Übersicht in: H/Th 123 f.).

Das Reichskonkordat

Im Unterschied zu den evangelischen Landeskirchen bildete die
katholische Kirche in Deutschland einen vergleichsweise ge-
schlossenen Block. Die Aufgabe, angesichts der grundlegenden

Umwälzungen im «Leben des Volkes» eine Kirchenreform in Angriff zu nehmen und die landeskirchliche Zersplitterung zu überwinden, stellte sich hier nicht. Die Orientierung an Rom und das Eingebundensein in die Strukturen der Weltkirche schlossen Verfassungsänderungen durch deutsche Instanzen von vornherein aus. Die unmissverständlichen Verurteilungen nationalsozialistischer Lehren durch die Bischöfe in den Jahren vor 1933 erschwerten zudem die Bildung von nationalsozialistischen Gruppierungen innerhalb der katholischen Kirche.

Nach der Rücknahme der bisherigen Verurteilungen Ende März 1933 breiteten sich jedoch auch in der katholischen Kirche Stimmen aus, die eine engagierte Mitarbeit an der nationalen Erhebung propagierten. Proteste oder Eingaben wie die des Dominikanerpaters Franziskus Stratmann gegen die Misshandlungen jüdischer Mitbürger im Zusammenhang mit den Boykottaktionen des 1. April blieben die Ausnahme (s. unten S. 100). Die Bischöfe waren nicht bereit, sich in dieser Sache einzusetzen. Vielmehr meinte man, dass «für die kirchlichen Oberbehörden [...] weit wichtigere Gegenwartsfragen» bestünden, wie der Erzbischof von München und Freising, Michael Kardinal von Faulhaber, in einem Schreiben vom 8. April 1933 formulierte (Gruber 54). Er verstand darunter in erster Linie das Bemühen, den christlichen Charakter der Schulen und den Bestand der katholischen Vereine zu sichern.

Trotz Hitlers Beteuerungen, die katholischen Vereine nicht behindern zu wollen, sofern sie sich nicht politisch betätigten, kam es im Frühjahr 1933 zu vielfachen Bedrohungen, Belästigungen und Misshandlungen von Mitgliedern katholischer Verbände und insbesondere Jugendorganisationen durch örtliche Vertreter der Partei. Ende Mai sandte der Generalpräses des katholischen Jungmännerverbands, Ludwig Wolker, einen Bericht über die Lage des Verbands an den deutschen Episkopat (Akten I, 180–192; Gruber 73–79). Er beklagte darin die «Verdächtigung und Verfemung der katholischen Jugend als unnational, marxistenfreundlich, pazifistisch». Die Hetze gegen Verband und Verbandsführer sei maßlos. Die darauffolgende Zusammenstellung ungesetzlicher «Einzelaktionen» umfasst

Einbrüche in kirchliche Jugendheime oder deren Beschlagnahme, Überfälle auf Jungschargruppen und massive Drohungen unterschiedlichster Art. Mit Blick auf die Zusicherungen führender Männer der Regierung und der Partei merkte Wolker skeptisch an: «Die Zusicherungen waren zumeist sehr allgemein gehalten und enthielten zumeist das Wort ‹zunächst›.» (ebd., 182/74)

Besonderes Aufsehen erregte die Brutalität und Verschlagenheit, mit der SA-Trupps gegen den deutschen Gesellentag im Juni in München vorgingen. Die Störungen und tätlichen Angriffe führten dazu, dass die Leitung der Veranstaltung den für den Sonntag Trinitatis am 11. Juni geplanten Abschlussgottesdienst absagen musste, weil sie ihre Mitglieder nach den Geschehnissen der vorangegangenen Tage und Nächte nicht den befürchteten Angriffen aussetzen wollte. In der Nähe der für den Gottesdienst bestimmten Halle hatten sich SA-Leute gesammelt, und trotz wiederholter Anrufe hatte das Polizeipräsidium den Schutz des polizeilich genehmigten Gottesdienstes nicht zugesagt. Der Münchener Erzbischof protestierte dagegen in Schreiben an Hitler, an den bayerischen Ministerpräsidenten Ludwig Siebert, den Innenminister und Gauleiter Adolf Wagner und den Leiter der Polizeidirektion München, Heinrich Himmler (Akten I, 249 f.; Gruber 86–88). Zahlreiche weitere Konflikte dieser Art beschäftigten die Bischöfe, so dass im Frühjahr 1933 die Sicherung der Arbeit der katholischen Vereine und Verbände als vordringliches Ziel erschien.

Die nationalsozialistische Kirchenpolitik verstand auf diese Sorge einzugehen. Hitler bekundete mehrfach seinen Willen, die katholische Vereinsarbeit zu schützen, sofern sie sich auf Geistliches beschränke und keine politischen Ziele verfolge. Ein entscheidendes Lockmittel war der Abschluss eines Reichskonkordats, in dem der Schutz der Vereinsarbeit zugesichert werden sollte und das in der Weimarer Zeit nicht abgeschlossen werden konnte. Seit Ende März bemühten sich staatliche Stellen um ein solches Konkordat und konnten schließlich die Zurückhaltung in der Kurie aufbrechen. Eine entscheidende Rolle spielten dabei Vizekanzler Franz von Papen und der Vorsitzende des Zentrums, Prälat Ludwig Kaas, die beide als Vertreter des rechten Flügels der Partei galten. Am 20. Juli gelang es, die Verhandlungen zum Abschluss zu führen und das Konkordat im Vatikan zu unterzeichnen. Darin wurden im Wesentlichen die der katholischen Kirche in der Weimarer Zeit gewährten Rechte garantiert. Neu und folgenschwer waren die Artikel 31 und 32, die die katholischen Verbände und die politische Betätigung von Geistlichen betrafen. In Artikel 31 hieß es:

> Diejenigen katholischen Organisationen und Verbände, die ausschließlich religiösen, rein kulturellen und karitativen Zwecken dienen und als solche der kirchlichen Behörde unterstellt sind, werden in ihren Einrichtungen und Tätigkeiten geschützt. (Gruber 105)

Eine genauere Klärung der Frage, welche Organisationen und Verbände unter die Schutzbestimmung des Artikels fielen, sollte in weiteren Verhandlungen erfolgen. Für die rechtliche Absicherung des umfangreichen katholischen Vereins- und Verbandswesens in Artikel 31 bezahlte die Kurie einen hohen Preis. Denn in Artikel 32 war das Verbot der Mitarbeit von Geistlichen und Ordensleuten in politischen Parteien und damit das Ende der Zentrumspartei zugestanden. Der katholische Kirchenkampf der folgenden Jahre war vor allem ein Kampf um das Reichskonkordat. Auf der einen Seite verstießen die Nationalsozialisten ständig gegen Geist und Buchstaben des Konkordats, und auf der anderen Seite beriefen sich die Bischöfe ebenso unablässig auf die dort zugesicherten Rechtspositionen. Schnell stellte sich heraus, dass es ein schwerer Fehler gewesen war, die genauere Bestimmung, welche Verbände durch das Konkordat gesichert seien, späteren Verhandlungen zu überlassen. Denn diese fanden nie mehr statt, weswegen man der willkürlichen Definition nationalsozialistischer Staats- und Parteivertreter ausgeliefert war.

Der Kirchenhistoriker Klaus Scholder hat die Auffassung vertreten, dass es einen unmittelbaren Zusammenhang zwischen dem Abschluss des Konkordats am 20. Juli 1933 und der Zustimmung der Zentrumspartei zum Ermächtigungsgesetz am 23. März 1933 gegeben habe. Mit diesem «Gesetz zur Behe-

bung der Not von Volk und Reich» ging die Gesetzgebungsbe-
fugnis des Reichstags auf die Reichsregierung über, worauf die
nationalsozialistische Gleichschaltungspolitik nun weitgehend
ungehemmt umgesetzt werden konnte. Nicht plausibel an dem
von Scholder hergestellten Zusammenhang ist jedoch der Sachverhalt, dass die Initiative zu dem Konkordat von Staatsvertre-
tern ausging. Das Bestreben Hitlers, trotz aller Ausschreitungen
unterer Parteigliederungen die positive christliche Gesinnung zu
betonen, scheint Erklärung genug. In der Kurie wich die anfäng-
liche Skepsis, da man angesichts der zunehmenden Behinderungen der katholischen Kirche rechtliche Sicherheiten suchte und
Hitler den Wünschen und Forderungen der Kirche unverhofft
weit entgegenkam. Immerhin wurde über das Fortbestehen der
katholischen Organisationen und Verbände (Art. 31) hinaus der
freie Verkehr des Heiligen Stuhls mit den Bischöfen, dem Klerus
und den übrigen Angehörigen der katholischen Kirche (Art. 4),
der staatliche Schutz für die Geistlichen bei der Ausübung der
Seelsorge (Art. 5) sowie der Religionsunterricht in katholischen
Bekenntnisschulen (Art. 21 und 23) zugestanden.

In jedem Fall hatte Hitler fast zeitgleich mit den von seiner
Warte aus gesehen überaus erfolgreichen Kirchenwahlen in der
evangelischen Kirche auch die teilweise begeisterte Zustimmung
der katholischen Bischöfe erlangt. Kardinal von Faulhaber lobte
Hitler in einem persönlichen Schreiben vom 24. Juli über die
Maßen:

> Was die alten Parlamente und Parteien in 60 Jahren nicht fertig
> brachten, hat Ihr staatsmännischer Weitblick in 6 Monaten weltge-
> schichtlich verwirklicht. Für Deutschlands Ansehen nach Westen
> und Osten und vor der ganzen Welt bedeutet dieser Handschlag mit
> dem Papsttum, der größten sittlichen Macht der Weltgeschichte, eine
> Großtat von unermeßlichem Segen. [...] Vor aller Welt ist nun be-
> wiesen, daß Reichskanzler Hitler nicht bloß große Reden halten
> kann wie seine Friedensrede, daß er auch Taten wirken kann von
> weltgeschichtlicher Größe wie das Reichskonkordat. [...] Uns
> kommt es aufrichtig aus der Seele: Gott erhalte unserem Volk unse-
> ren Reichskanzler. (Gruber 111)

Der Kardinal vergaß aber nicht, in diese von antiparlamentarischen Affekten genährte Lobrede auch eine Mahnung angesichts der schlimmen Übergriffe des Frühjahrs 1933 einzufügen:

> Erlauben Sie mir eine Bitte: Krönen Sie die große Stunde mit einer großmütigen Amnestie für jene, die ohne Verbrechen, nur wegen einer politischen Gesinnung in Schutzhaft sind und mitsamt ihren Familien seelisch furchtbar leiden. (ebd.)

Die Deutschen Christen und die Bekennende Kirche

Der Erfolg der Deutschen Christen bei den Kirchenwahlen vom 23. Juli 1933 führte zu einer grundlegenden Umgestaltung der evangelischen Landeskirchen. Unter anderem wurden in Anhalt, Hessen, der Pfalz, Thüringen und Sachsen sowie in allen Kirchenprovinzen der Evangelischen Kirche der altpreußischen Union mit Ausnahme Westfalens deutschchristliche Kirchenleitungen gebildet. Anders stellte sich die Situation in den Landeskirchen von Bayern, Württemberg und Hannover dar. Hier war den Deutschen Christen im Vorfeld der Wahlen eine Mitwirkung zugestanden worden, indem man sie in die zur Wahl gestellten Einheitslisten aufnahm, weshalb ihr Anteil an der Kirchenleitung begrenzt blieb. In den folgenden Jahren sprach man von diesen drei Landeskirchen darum als «intakten» Kirchen im Unterschied zu den übrigen, die als «zerstörte» Kirchen bezeichnet wurden.

Am 5./6. September trat die Generalsynode aller Provinzialkirchen der Evangelischen Kirche der altpreußischen Union in Berlin zusammen und vollzog die entscheidenden Weichenstellungen in der mit Abstand größten Landeskirche Deutschlands. Die von Braunhemden dominierte Synode – darum auch «Braune Synode» genannt – beschloss unter anderem die Einführung des sogenannten Arierparagraphen in die Kirche, das heißt, die Versetzung aller Pfarrer und Kirchenbeamten mit einem jüdischen Eltern- oder Großelternteil in den Ruhestand.

Eine weitere entscheidende Etappe der deutschchristlichen Umgestaltung der Kirche war das Zusammentreten der ersten

deutschen Nationalsynode am 27. September in der Lutherstadt
Wittenberg. Eröffnet wurde die Synode mit einem festlichen
Gottesdienst in der Schlosskirche. Zu den Verhandlungen in der
Stadtkirche trafen sich 60 Synodale, davon 40 gewählte und 20,
die von einer seit Juli amtierenden «Einstweiligen Leitung der
DEK» berufen worden waren. Einer der Synodalen, der deutschchristlich gesinnte Tübinger Theologieprofessor Karl Fezer, verkündete den Anwesenden, dass der inzwischen zum Bischof der
altpreußischen Unionskirche avancierte Müller als Reichsbischof vorgeschlagen sei. Die Synodalen signalisierten durch
laute Ja-Rufe Zustimmung. Dann berief der Reichsbischof vier
Mitglieder eines Geistlichen Ministeriums: als Vertreter der Lutheraner den Hamburger Bischof Schöffel, für die Reformierten
den Elberfelder Seminardirektor Otto Weber und als Vertreter
der unierten Kirchen Hossenfelder, der als führender Deutscher
Christ nach den Kirchenwahlen das im Sinne des Führerprin-
zips neugeschaffene Amt des brandenburgischen Provinzialbi-
schofs übernommen hatte. Als rechtskundiges Mitglied berief
Müller den Juristen Friedrich Werner, einen der Hauptredner
der Ersten Reichstagung der Deutschen Christen, der zuvor bereits zum Präsidenten des Evangelischen Oberkirchenrats der
altpreußischen Union ernannt worden war.

Ursprünglich sollte auf der Nationalsynode auch die Einführung des sogenannten Arierparagraphen in der gesamten Deutschen Evangelischen Kirche auf den Weg gebracht werden.
Nach dem entsprechenden Beschluss für die Evangelische Kirche der altpreußischen Union durch die «braune» Generalsynode vom 5./6. September war jedoch heftiger Protest laut geworden. So schien ein weiterer diesbezüglicher Beschluss nicht
ratsam zu sein, zumal selbst in Wittenberg am Tag der Synode
Flugblätter gegen die Einführung der betreffenden Regelungen
verteilt worden waren. Bereits unmittelbar nach der «braunen»
preußischen Generalsynode hatte sich unter Berliner Pfarrern
der Widerstand gegen das «Kirchengesetz betreffend die Rechts-
verhältnisse der Geistlichen und Kirchenbeamten», das deren
«arische Abstammung» verlangte, formiert. Man sah in diesem
Gesetz eine elementare Verletzung grundlegender Bekennt-

nisinhalte der evangelischen Kirche und schloss sich zu einem Pfarrernotbund zusammen. Unter der Führung Martin Niemöllers wurde dieser zur Keimzelle der Bekennenden Kirche und hatte Ende November 1933 bereits mehr als 6000 Mitglieder, das heißt, es gehörte ihm über ein Drittel der deutschen Pfarrerschaft an. Alle Mitglieder unterschrieben eine Verpflichtungserklärung, in der sie bezeugten, «daß eine Verletzung des Bekenntnisstandes mit der Anwendung des Arier-Paragraphen im Raum der Kirche Christi geschaffen ist» (KJ 35; H/Th 129). Auch verpflichtete man sich zur Unterstützung der betroffenen Pfarrer.

Weniger als zwei Monate nach der Wittenberger Nationalsynode und der Wahl des Reichsbischofs mündete die scheinbar so erfolgreiche Umgestaltung der evangelischen Kirche durch die Deutschen Christen in einer grundlegenden Krise. Am 13. November 1933 fand eine Tagung des Gaus Groß-Berlin der Glaubensbewegung Deutsche Christen im Sportpalast statt. Mit 20 000 Teilnehmern sollte sie eine Machtdemonstration der Deutschen Christen werden. Heraus kam jedoch das Gegenteil. Der Obmann des Gaus Groß-Berlin, Studienassessor Reinhold Krause, trug unter starkem Beifall der begeisterten Zuhörer seine radikalen völkischen Positionen vor. In dem Vortrag zum Thema «Die völkische Sendung Luthers» führte Krause aus, dass diese in einer zweiten Reformation zum Ziel kommen müsse. Die gerade neu geschaffene Deutsche Evangelische Reichskirche sei hierfür nur der äußere Rahmen. Unter teilweise wörtlicher Aufnahme von Formulierungen aus Rosenbergs *Mythus des 20. Jahrhunderts* forderte er die «Befreiung» des Alten und Neuen Testaments sowie der Gottesdienste von allem «Undeutschen» und polemisierte gegen die «Viehhändler- und Zuhältergeschichten» des Alten Testaments. Auch die ganze «Sündenbock- und Minderwertigkeitstheologie des Rabbiners Paulus» sei zu beseitigen (vgl. Meier I, 122–145).

In diesem Vortrag und einer unter Zustimmung leitender Persönlichkeiten der DEK angenommenen entsprechenden Entschließung wurde die radikale völkische Ausrichtung führender Deutscher Christen offensichtlich. Der Bruch mit elementaren

Inhalten der evangelischen Lehre seit der Reformation war nicht zu übersehen. Daraufhin brach ein Sturm der Entrüstung los und in weiten Teilen des deutschen Protestantismus kam es zu massiven Protesten. Sogar gemäßigte Deutsche Christen schlossen sich dem an und traten in großer Zahl aus der Glaubensbewegung aus, so zum Beispiel auch der Praktische Theologe Fezer, der 1933 bis 1935 zudem Rektor der Universität Tübingen und immerhin einer der engsten Berater des Reichsbischofs war. Die Krise der Deutschen Christen ging so weit, dass sich sogar Reichsbischof Müller zu einer Distanzierung von Krause gezwungen sah. Der Gauobmann verlor nicht nur seine führende Position bei den Deutschen Christen, sondern auch seine Ämter in der Kirche. Darüber hinaus wurde auch Hossenfelder durch die Proteste zum Rücktritt aus dem Geistlichen Ministerium gezwungen.

Mit diesen und weiteren Maßnahmen war der grundlegende Autoritätsverlust der Deutschen Christen am Ende des Jahres 1933 aber nicht aufzuhalten. Vielmehr war die Reichskirchenregierung durch den Rücktritt Hossenfelders und anderer nicht mehr verfassungsmäßig zusammengesetzt und damit ihr Recht, Gesetze zu erlassen, umstritten. An eine weitere Umsetzung des Vorhabens, den sogenannten Arierparagraphen in der Deutschen Evangelischen Kirche einzuführen, war nicht mehr zu denken. In der Evangelischen Kirche der altpreußischen Union wurde das entsprechende Gesetz vorläufig aufgehoben. Dass Müller schließlich überdies die Schirmherrschaft über die Deutschen Christen ablegte, hatte ebenfalls nicht den gewünschten Erfolg, sondern untergrub seine Autorität weiter. Nun verlor er auch seinen Rückhalt bei Hitler, der bald erkannte, dass seine Versuche, mit Hilfe Müllers und der Deutschen Christen die evangelische Kirche gleichzuschalten, nicht zum Ziel geführt hatten.

Für die kirchliche Opposition hatte der Sportpalastskandal drei unmittelbare positive Folgen. Zum einen erfuhr der Pfarrernotbund einen erheblichen Zuwachs an Mitgliedern und wurde zur Keimzelle der sich nun formierenden Bekennenden Kirche. Zum anderen trugen seine Verantwortlichen ihren Protest gegen die Deutschen Christen nun offensiv in die Gemeinden. Noch im November kam es in Dortmund und anderen Städten zu teilweise überfüllten Kundgebungen, auf denen man den Rücktritt der an der Sportpalastkundgebung beteiligten Kirchenführer verlangte. Am 19. und 22. November wurde in Tausenden von Gemeinden eine Kanzelabkündigung verlesen. Darin hieß es:

> Wir bekennen uns darum nachdrücklich zur Heiligen Schrift Alten und Neuen Testaments als einziger Regel und Richtschnur unseres Glaubens und Lebens, und zu den Bekenntnissen der Väter, als ihrer reformatorischen Auslegung. Die darauf sich gründende Gemeinde hat allein die Verheißung ihres Herren, daß die Pforten der Hölle sie nicht überwältigen werden, auch wenn sie vor der Welt die kleine Herde bleibt. (Scholder I, 790)

Zum dritten gaben der bayerische Bischof Hans Meiser und der württembergische Bischof Theophil Wurm ihre Zurückhaltung in der Auseinandersetzung mit den Deutschen Christen auf. Die Verantwortlichen in den «intakten» Kirchen traten in der zugespitzten Situation nach dem Sportpalastskandal mit den Vertretern der im Pfarrernotbund zusammengeschlossenen kirchlichen Opposition in Verbindung. Maßgeblich trug hierzu auch das eigenmächtige Vorgehen des Reichsbischofs in der Frage der Eingliederung der Evangelischen Jugend Deutschlands mit ihren ca. 800 000 Mitgliedern in die Hitler-Jugend bei. Um bei den politisch Verantwortlichen Ansehen zurückzugewinnen, sagte er diese dem Reichsjugendführer Baldur von Schirach im Dezember 1933 zu. Für einen Bischof war das ein ungeheuerlicher Schritt, der bewirkte, dass Müller bei kirchlich Gesinnten vollends sein Ansehen verlor und demzufolge bei den weiteren Versuchen Hitlers, die evangelische Kirche gleichzuschalten, keine Rolle mehr spielen konnte.

3. Gleichschaltung und Widerstand (1934)

Die Schwächung der Landeskirchen

Hitler wollte die Auseinandersetzungen um die deutschchristliche Umgestaltung der evangelischen Kirche möglichst schnell beenden. Vermehrt waren auch besorgte Stimmen ausländischer Beobachter zu hören, die Hitlers Bemühungen um eine außenpolitische Anerkennung des Regimes zu gefährden drohten. Der Versuch des Reichsbischofs, qua Verordnung alle Kritik an der Reichskirchenregierung zu verbieten, erfüllte in keiner Weise ihren Zweck. Die als «Maulkorberlaß» bekannt gewordene Verordnung vom 4. Januar 1934 (KJ 44; H/Th 143) bewirkte nur erneute Proteste noch weiterer Kreise. Eine Kanzelabkündigung, die von allen Mitgliedern des Pfarrernotbundes am Sonntag, dem 7. Januar, oder eine Woche später verlesen werden sollte, formulierte in aller Klarheit:

> Wir erheben vor Gott und dieser christlichen Gemeinde Klage und Anklage dahin, daß der Reichsbischof mit seiner Verordnung ernstlich denen Gewalt androht, die um ihres Gewissens und um der Gemeinde willen zu der gegenwärtigen Not der Kirche nicht schweigen können, [...]. (JK 2,1934, H. 2 v. 20.1.1934, 72)

Der Leipziger Reichsgerichtsrat Wilhelm Flor wies die mangelnde kirchenrechtliche Gültigkeit der Maßnahme nach. Angesichts der Proteste und des faktischen Scheiterns der Politik Müllers sowie veranlasst durch Interventionen des konservativen Finanzministers Johann Ludwig Graf Schwerin von Krosigk und des Reichspräsidenten schaltete sich Hitler unmittelbar in die Auseinandersetzungen ein. Er lud Vertreter der beteiligten Gruppierungen für den 25. Januar 1934 zu einem Gespräch ein.

Von Seiten der kirchlichen Opposition nahmen Niemöller, die Bischöfe Meiser, Wurm und Marahrens sowie der westfälische Präses Karl Koch teil. Man schien gut vorbereitet in das Gespräch zu gehen und war zuversichtlich, eine Abstellung der größten Ärgernisse zu erreichen. Das stellte sich schnell als Irrtum heraus. Der berühmte Kanzlerempfang begann damit, dass Göring ein von der Gestapo abgehörtes Telefongespräch Niemöllers vorlas. Darin hatte sich dieser seinem Gesprächspartner Künneth gegenüber ziemlich respektlos über Hitler und den Reichspräsidenten geäußert. Ein Empfang Hitlers bei Hindenburg wurde als «letzte Ölung» bezeichnet. Auch sprach der ehemalige U-Boot-Kommandant Niemöller davon, dass man die Minen gut gelegt habe. Ferner präsentierte Göring Material über den Pfarrernotbund, der angeblich illegale Auslandsverbindungen unterhalte. Hitler reagierte mit gespielter Empörung, und die Vertreter der Opposition gegen die Deutschen Christen befanden sich in der unangenehmen Lage, sich gegen den Vorwurf, Staatsfeinde zu sein, verteidigen zu müssen. Von dem Plan, die Ablösung des Reichsbischofs zu fordern, blieb nicht viel übrig, und man ließ sich dazu bewegen, auf eine öffentliche Kritik Müllers zu verzichten und sogar die Zusammenarbeit mit ihm zu suchen. Dieses zugesicherte Bemühen dauerte jedoch nicht lange an. Schon bald fand man zu einer gemeinsamen, klar ablehnenden Haltung zurück.

Hauptursache dafür war das verstärkte Bemühen des Reichsbischofs, die Eingliederung der Landeskirchen in die Reichskirche voranzutreiben. Die gesetzgebende Kompetenz der Landeskirchen sollte weitestgehend auf die Reichskirche übertragen und die landeskirchlichen Leitungsgremien zu Ausführungsorganen der Reichskirche umfunktioniert werden. Die Aktionen begannen Anfang März mit der Eingliederung der altpreußischen Unionskirche. Von April bis Juli 1934 wurden die meisten anderen Landeskirchen gleichgeschaltet. Dabei schreckte man auch vor Gewaltmaßnahmen nicht zurück. Die Landessynoden und andere landeskirchliche Gremien wurden massiv unter Druck gesetzt, den Maßnahmen zuzustimmen und sie in der Öffentlichkeit zu vertreten.

Die treibende Kraft bei der Eingliederung war seit Anfang des Jahres 1934 August Jäger, der am 12. April offiziell zum

«Rechtswalter der Deutschen Evangelischen Kirche» ernannt wurde. Eine Verordnung vom 19. April machte ihn außerdem zum Leiter der Anfang 1934 neugeschaffenen Kirchenkanzlei des Reichsbischofs und zu dessen alleinigem kirchenpolitischen Vertreter. Mit der ihm eigenen Brutalität und ohne jede Bereitschaft, Kompromisse zu schließen, setzte er die Pläne Müllers um und suchte ihnen rechtliche Legitimation zu verschaffen. Gleich nach seiner offiziellen Ernennung kam es zu einer folgenreichen Zuspitzung der Konflikte, als Jäger Auseinandersetzungen Wurms mit Vertretern der Deutschen Christen zu nutzen suchte, um die württembergische Landeskirche einzugliedern. Am 15. April erschienen – im Rundfunk als Rettungsaktion angesichts von anders nicht lösbaren innerkirchlichen Streitigkeiten angekündigt – Jäger und Müller persönlich in Stuttgart, um das Kommando zu übernehmen. Unmittelbare Folge war eine Flut von Treuebekundungen kirchlicher Verbände, von Gemeinden und einfachen Gemeindegliedern für den Landesbischof. Zudem erfolgten nun die entscheidenden Schritte zum Zusammenschluss der oppositionellen Kräfte, der als Geburtsstunde der Bekennenden Kirche in Deutschland gelten kann.

Die erste Bekenntnissynode

Im Westen und dann auch in Berlin hatten sich bereits Anfang des Jahres 1934 Synoden konstituiert, die sich den deutsch-christlichen Kirchenleitungen entgegenstellten. Den Anfang machte eine freie Synode Reformierter Gemeinden am 3./4. Januar in Barmen. War diese Synode noch auf reformierte Gemeinden beschränkt, so fand am 18./19. Februar wiederum in Barmen eine freie Synode der evangelischen Gemeinden des Rheinlands insgesamt statt. Knapp drei Wochen später, unmittelbar nach der Eingliederung der altpreußischen Unionskirche in die Reichskirche, traten am 7. März «Abgesandte aus den bekenntnistreuen Gemeinden Berlins und der Mark» zur ersten Freien Evangelischen Synode in Berlin und Brandenburg in der Dahlemer Kirche zusammen.

Grundsätzliche Bedeutung gewannen die Entwicklungen in

der evangelischen Kirche Westfalens. Die Umbildung der Provinzialsynoden, die im Rahmen der Eingliederung der altpreußischen Unionskirche in die Reichskirche durch das Kirchengesetz vom 2. März verordnet worden war, stieß hier auf entschiedenen Widerstand. Zwar gab es auch in Westfalen einen deutschchristlichen Bischof, aber die Kirchenwahlen vom Juli 1933 hatten nicht zu einer deutschchristlichen Mehrheit in der Synode geführt. Der Vorsitzende der Synode, Präses Koch, berief sich auf die geltende Verfassungsurkunde der altpreußischen Union von 1922 und ließ sich auch durch Drohungen nicht von seiner Ablehnung einer Umbildung abbringen. Die Auflösung der Synode durch die Gestapo und die Ernennung von 18 Mitgliedern eines alternativen Gremiums durch Bischof Adler bewirkte, dass sich die große Mehrheit der im Juli 1933 gewählten Synode noch am gleichen Tag als Westfälische Bekenntnissynode konstituierte, Koch zu ihrem Präses wählte und einen Bruderrat aus drei Pfarrern und vier Ältesten bestellte (vgl. Scholder II, 111 f.).

Die Bekenntnissynode hatte keinerlei Verfügungsgewalt über die Finanzmittel und andere Ressourcen. Die fünfte Zivilkammer des Landgerichts Bielefeld gab Koch aber acht Monate später in allen Punkten recht – wiederum unter Berufung auf ein Gutachten des Reichsgerichtsrats Flor. Entscheidend für die weitere Entwicklung war dann der überwältigende Zuspruch in den Gemeinden. Nur zwei Tage nach der Synode fand in der Dortmunder Westfalenhalle und in den beiden größten Kirchen der Stadt ein Rheinisch-Westfälischer Gemeindetag statt, zu dem sich mehr als 20 000 Christen versammelten. Der Leiter des Provinzialbruderrats, der Dortmunder Pfarrer Karl Lücking, sprach später von der «größte[n] gottesdienstliche[n] Gemeinde, die wir je erlebt haben» (zit. ebd., 112). Die Vorgänge bedeuteten für die Beteiligten nicht nur eine enorme Stärkung auf dem weiteren Weg, sondern wurden auch in anderen Landeskirchen aufmerksam wahrgenommen. Nur wenige Tage nach den Ereignissen in Dortmund trafen sich Lücking und andere Beteiligte mit Wurm und Meiser in Frankfurt und berichteten begeistert von dem Erlebten. Weitere Versammlungen folgten.

Als sich Mitte April die Konfrontation zwischen den Deutschen Christen und Landesbischof Wurm zuspitzte, konnte man schnell und vor allem gemeinsam reagieren. Nur eine Woche nach Jägers und Müllers Auftreten in Stuttgart kam es am 22. April 1934 zu einem Bekenntnistag in Ulm, auf dem zum ersten Mal die bekenntnistreuen Kräfte der unterschiedlichen Richtungen und Regionen gemeinsam an die Öffentlichkeit traten. Nicht nur Wurm und Meiser taten sich zusammen, sondern Letzterer lud ausdrücklich auch Niemöller nach München ein, so dass die infolge des Kanzlerempfangs (s. oben S. 40 f.) entstandenen Verstimmungen beseitigt werden konnten. Am Vorabend des in Ulm geplanten Gottesdienstes trafen sich die Vertreter der unterschiedlichen Bekenntnisgruppen in der Stadt an der württembergisch-bayerischen Grenze und arbeiteten unter Meisers Vorsitz eine Erklärung aus. Am folgenden Tag versammelten sich die Vertreter der Bekenntnisgruppen und eine mehr als fünftausendköpfige Gemeinde im Ulmer Münster. Nach der Predigt von Bischof Wurm verlas Bischof Meiser den vorbereiteten Text. Diese sogenannte «Ulmer Erklärung» gilt als Gründungsurkunde der Bekennenden Kirche, weil hier in aller Klarheit der Anspruch erhoben wird, die rechtmäßige evangelische Kirche in Deutschland zu vertreten. Gleich zu Beginn heißt es:

Wir versammelten Vertreter der württembergischen und bayerischen Landeskirchen, der freien Synoden im Rheinland, in Westfalen und Brandenburg sowie vieler bekennender Gemeinden und Christen in ganz Deutschland erklären als rechtmäßige evangelische Kirche Deutschlands vor dieser Gemeinde und der gesamten Christenheit: Auf uns lastet die schwere Sorge um die Deutsche Evangelische Kirche [...]. (KJ 65; H/Th 204)

Im Folgenden werden die Eingriffe in die württembergische Kirche zurückgewiesen sowie die Bekenntnis- und Rechtswidrigkeit des Handelns in der Reichskirche festgestellt.

Dadurch, dass Jäger seit Mitte April offiziell als «Rechtswalter» tätig war, verschärften sich die Eingliederungsbestrebungen. Am 23. April, einen Tag nach der Ulmer Erklärung, legte er

einen Zeitplan vor, der vom 4. Mai bis 12. Juni die Eingliederung von insgesamt elf Landeskirchen in die Reichskirche vor-
sah. Zugleich begannen unmittelbar nach dem Ulmer Bekenntnistag die Vorbereitungen für eine Reichsbekenntnissynode, die
den Anspruch, die wahre evangelische Kirche zu sein, unterstreichen und inhaltlich füllen sollte. Am 2. Mai fasste das
Führungsgremium der Bekenntnisgemeinschaft in Berlin den
konkreten Beschluss der Einberufung einer Reichsbekenntnissynode. Dem Ausschuss, der nach dem Ort seiner ersten Zu-
sammenkunft «Nürnberger Ausschuß» genannt wurde und dessen Vorsitz Präses Koch übernommen hatte, gehörten neben
den Bischöfen Bayerns und Württembergs Vertreter der Be-
kenntnisgemeinschaften Westfalens, des Rheinlands und Bran-
denburgs sowie der Leipziger Rechtsanwalt, Kollege und
Freund Flors, Eberhard Fiedler, als rechtskundiges Mitglied an.

Auf der Sitzung am 2. Mai wurde ein Dreierausschuss zur
theologischen Vorbereitung der Synode eingesetzt, dem Barth
als Vertreter der Reformierten, der lutherische Oberkirchenrat
Thomas Breit aus der bayerischen Landeskirche sowie der ebenfalls lutherische Pastor Hans Asmussen aus Altona angehören
sollten (vgl. Nicolaisen 23–25). Bereits fünf Tage später traf sich
der Nürnberger Ausschuss in Kassel erneut. Nachdem gerade
die nassau-hessische und die sächsische Landeskirche eingegliedert worden waren, wollte man keine Zeit mehr verlieren.
Der Termin der Reichsbekenntnissynode wurde auf den 29. bis
31. Mai festgelegt. Stattfinden sollte sie in Wuppertal-Barmen.

Trotz des zügigen Handelns zeigten sich bald die grundlegenden Schwierigkeiten des geplanten Unternehmens. Meiser und
andere Vertreter des Luthertums waren von der Sorge bestimmt,
dass die lutherischen Bekenntnisse der Reformationszeit zwar
gegen die deutschchristlichen Häresien verteidigt würden, zugleich aber durch ein Zusammengehen mit den Reformierten
infrage gestellt werden könnten. Darum forderte der bayerische
Landesbischof die Hinzuziehung des Erlanger Theologieprofes-
sors Hermann Sasse zu den Beratungen des Dreierausschusses.
Die anderen Beteiligten stimmten zu, obwohl Sasse nicht nur
für sein klares Urteil über die nationalsozialistische Bewegung,

sondern auch für seine kompromisslose, gegen jedes Zusammengehen mit den Reformierten gerichtete lutherische Bekenntnisbindung bekannt war.

Der um Sasse erweiterte Dreierausschuss traf sich am 15. und 16. Mai im Hospiz «Basler Hof» in Frankfurt am Main, um den Entwurf einer theologischen Erklärung, welche die Synode verabschieden sollte, zu Papier zu bringen. Sasse konnte allerdings wegen einer Erkrankung nicht teilnehmen, und der von ihm als Vertreter entsandte Aschaffenburger Stadtvikar Friedrich Wilhelm Hopf traf zu spät ein, um noch etwas zu den Beratungen beitragen zu können. Ertrag des Treffens war die sogenannte «Frankfurter Konkordie». Nach den erhaltenen Berichten hatte Barth einen Entwurf vorgelegt, der Formulierungen früherer von ihm verfasster Erklärungen aufnahm. Dieser Text bestand aus Präambel und fünf Thesen, denen jeweils Bibelworte vorangestellt und Verwerfungssätze angefügt waren. Im Zuge mehrerer Gesprächsrunden wurden die Präambel und die zweite These erweitert sowie eine sechste These hinzugefügt. Die Zusätze und Veränderungen suchten im Wesentlichen lutherische Anliegen zur Geltung zu bringen.

Unmittelbar nach der Frankfurter Tagung, am 17. Mai, erläuterte Breit dem bayerischen Landeskirchenrat den Text. Bereits hier wurde heftige Kritik geäußert. Noch grundsätzlichere Bedenken von einem lutherischen Standpunkt aus äußerten Sasse und sein Erlanger Kollege Paul Althaus am 21. Mai in zwei Schreiben an Meiser (Nicolaisen 83–88). Währenddessen tagte am 22. Mai erneut der Nürnberger Ausschuss. Hier wurden weitere kleine Veränderungen des ursprünglichen Textes vorgeschlagen. Das Ergebnis dieser Sitzung wurde nach dem Tagungsort «Leipziger Entwurf» genannt. An diesem nach Barmen mitgebrachten Text wurde am 29. und 30. Mai weitergearbeitet. Vertreter des lutherischen Konvents brachten noch einmal kleinere Veränderungen ein. Die Beratungen zogen sich bis weit nach Mitternacht hin, und erst um 5 Uhr am Morgen des 30. Mai konnte Asmussen dem Oberprimaner Karl Immer jun., dem Sohn des gastgebenden Pfarrers, den Text zur Vervielfältigung übergeben. Die knappe Erklärung wurde zusammen mit einem Vortrag Asmussens, der insbesondere ihre Übereinstimmung mit der lutherischen Tradition erläuterte, der Synode zum Beschluss vorgelegt. Asmussen hatte schon mit seinem Vortrag begonnen, als die vervielfältigten Thesen von Immer jun. hereingetragen und verteilt wurden. Nach einer kurzen Unterbrechung und einigen Hinweisen zu notwendigen Korrekturen des vervielfältigten Textes fuhr Asmussen mit seinem Referat fort (Nicolaisen 111–139). Im Anschluss daran erfolgten wiederum Beratungen in konfessionell getrennt tagenden Konventen. Schließlich formulierten Laienvertreter einen dramatischen Appell an die «Diener am Wort», eine gemeinsame Erklärung nicht an der «Überspitzung theologischer Formulierungen» scheitern zu lassen (vgl. Scholder II, 210; Nicolaisen 55 f.).

Möglicherweise waren es eindringliche Voten wie diese, die Hermann Sasse veranlassten, die Synode vorzeitig zu verlassen und so einen einstimmigen Beschluss nicht zu gefährden. Er konnte jedenfalls, wie er dem Synodalpräsidenten handschriftlich mitteilte, von seiner grundsätzlichen Ablehnung eines gemeinsamen Beschlusses von Lutheranern und Reformierten über Lehre und Irrlehre nicht abrücken. Die Begründung für eine solche Fundamentalkritik lag darin, dass die Reformierten in einem Teil der lutherischen Bekenntnisse wegen ihrer Leugnung der Gegenwart Christi im Abendmahl der grundlegenden Irrlehre bezichtigt worden waren. Eine gemeinsame Erklärung würde folglich diesen Bekenntnissen widersprechen. Zwar teilten viele Lutheraner die Sorge vor Unionsbestrebungen und der damit verbundenen Relativierung des lutherischen Bekenntnisses, aber mit der Grundsätzlichkeit seiner Kritik auch angesichts elementarer Bedrohungen der evangelischen Kirche stand Sasse selbst unter treuen Lutheranern auf einsamem Posten.

Am späten Vormittag des 31. Mai lag der Synode der wiederum leicht veränderte Entwurf der theologischen Erklärung zur zweiten Lesung vor. Noch einmal erläuterte Asmussen den Text, worauf nach wenigen Wortmeldungen die Erklärung als christliches, biblisch-reformatorisches Zeugnis einstimmig angenommen wurde (vgl. Scholder II, 213).

Die Barmer Theologische Erklärung

Die Erklärung setzt mit einem Bezug auf die Verfassung der Deutschen Evangelischen Kirche vom 11. Juli 1933 und deren Anerkennung durch die Reichsregierung vom 14. Juli 1933 ein (KJ 70–72; H/Th 206–209). Ausdrücklich zitiert wird der erste Artikel der Verfassung, in dem «das Evangelium von Jesus Christus, wie es uns in der Heiligen Schrift bezeugt und in den Bekenntnissen der Reformation neu ans Licht getreten ist», als «unantastbare Grundlage» der Deutschen Evangelischen Kirche bezeichnet wird. Unmissverständlich wird so gleich zu Beginn der Anspruch, die «Deutsche Evangelische Kirche» zu repräsentieren, juristisch untermauert.

Entsprechend dem eingangs Gesagten, werden jeder der sechs Thesen Bibelzitate vorangestellt. Die erste These bietet eine Art theologische Grundlegung der gesamten Erklärung.

> Jesus Christus, wie er uns in der Heiligen Schrift bezeugt wird, ist das eine Wort Gottes, das wir zu hören, dem wir im Leben und im Sterben zu vertrauen und zu gehorchen haben.

Eingeleitet wird die These durch Bibelverse aus dem Johannesevangelium, in denen Jesus Christus als der alleinige Zugang zum Heil verstanden wird (Joh 14,6; 10,1.9). Die grundlegende Bedeutung der ersten These wird aus dem folgenden Verwerfungssatz deutlich:

> Wir verwerfen die falsche Lehre, als könne und müsse die Kirche als Quelle ihrer Verkündigung außer und neben diesem einen Worte Gottes auch noch andere Ereignisse und Mächte, Gestalten und Wahrheiten als Gottes Offenbarung anerkennen.

Das Wirken der Deutschen Christen war durch die Überzeugung bestimmt, dass Gott nicht nur durch das biblische Wort zu den Menschen spreche, sondern seinen Willen auch in Schöpfung und Geschichte offenbare. Und dies sei gerade in der «nationalen Revolution» des Jahres 1933 geschehen. Infolgedessen betonten die Deutschen Christen die Bedeutung natürlicher Gottesoffenbarung wie auch normativer Ordnungen in Schöpfung und Geschichte. Gott habe nicht nur Individuen, sondern auch Völker geschaffen. Seinem Volk zu dienen, entspreche dem Schöpferwillen. Nach einer solchen Schöpfungsordnungslehre gehörte es auch zum Willen Gottes, dass junge Völker (wie das deutsche) wachsen und altgewordene (wie das französische oder englische) verdrängen sollten. Dagegen betonten die Autoren der Barmer Theologischen Erklärung die alleinige Orientierung am biblischen Zeugnis von Jesus Christus. Nur dadurch könne das Eindringen der völkischen Ideologie in die Lehre der Kirche und eine entsprechende Umgestaltung des kirchlichen Lebens verhindert werden.

Die weiteren Thesen erläutern unterschiedliche Konsequenzen der Grundentscheidungen der ersten These. Die zweite These unterstreicht:

> Wie Jesus Christus Gottes Zuspruch der Vergebung aller unserer Sünden ist, so und mit gleichem Ernst ist er auch Gottes kräftiger Anspruch auf unser ganzes Leben.

Ausdrücklich zurückgewiesen wird die Auffassung, dass es «Bereiche unseres Lebens, in denen wir nicht Jesus Christus, sondern anderen Herren zu eigen wären», gebe. Die dritte und vierte These entfalten die Konsequenzen für das Kirchenverständnis. Das Christuszeugnis habe nicht nur mit der Lehre, sondern auch mit der Ordnung der Kirche zu erfolgen. Das bedeutet, dass es keine Ämter in der Kirche geben dürfe, die die Herrschaft der einen über die anderen begründen. Entsprechend wird die Auffassung abgelehnt, dass es in der Kirche «mit Herrschaftsbefugnissen ausgestattete Führer» geben solle.

Die fünfte These beschreibt den Staat als Anordnung Gottes mit dem Zweck, für Recht und Frieden zu sorgen. Ausdrücklich zurückgewiesen wird die

> falsche Lehre, als solle und könne der Staat über seinen besonderen Auftrag hinaus die einzige und totale Ordnung menschlichen Lebens werden und also auch die Bestimmung der Kirche erfüllen.

Der Lutheraner Althaus sah in der These zu Recht auch den verbreiteten Staatsbegriff des völkischen Denkens abgelehnt, der als Aufgabe des Staates den Dienst an Volk und Rasse hervorhob. In der Barmer These sei, so schrieb Althaus an Bischof Meiser am 21. Mai 1934, der liberale Rechtsstaatsbegriff «wie in allen Schriften Barths» am Werk, der für den Bezug des Staates auf das Leben des Volks keinerlei Verständnis zeige (Nicolaisen 88). Die sechste und letzte These der Erklärung begrenzt in vergleichbarer Weise den Auftrag der Kirche. Er bestehe allein darin, die Botschaft von der freien Gnade Gottes «an alles Volk» auszurichten. Auch wenn der Verwerfungssatz vergleichsweise allgemein gehalten war, konnte jeder Zeitgenosse die Abgrenzung gegen die verbreitete Rede vom Dienst der Kirche am Volk wahrnehmen.

Der Zusammenschluss der bekenntnisorientierten Kräfte war ein entscheidender Erfolg bei der Bekämpfung der deutschchristlichen Herrschaft in der evangelischen Kirche. Neben der theologischen Erklärung wurden weitere Dokumente verabschiedet. In einer «Erklärung zur Rechtslage» (KJ 72 f.; H/Th 205 f.) stellte die Synode fest, dass «das derzeitige Reichskirchenregiment […] den Anspruch verwirkt» habe, «rechtmäßige Leitung» der DEK zu sein. Zu ihrer Leitung bestimmte die Synode einen Bruderrat, der aus zwölf Personen bestand.

Der Erfolg eines Zusammenschlusses zu einer Bekennenden Kirche war mühsam errungen, und entsprechend brüchig war die Einheit. *Zuerst einmal* war die Situation in den Kirchen mit deutschchristlichen Kirchenleitungen eine andere als die in den «intakten» Kirchen. Während hier die Bischöfe versuchten, die kompromissbereiten Kräfte, die mit den Deutschen Christen sympathisierten, zu integrieren, ging es in den «zerstörten» Kirchen um entschiedene Abgrenzung. Zum Kompromiss fand man in den Situationen akuter Bedrohung. Wenn diese vorüber waren, sank die Bereitschaft dazu.

Zum zweiten gab es tiefgreifende theologische Unterschiede. Neben Sasses Fundamentalkritik bestanden auf lutherischer Seite erhebliche theologische Bedenken gegen die Grundentscheidungen der Erklärung. Diese zeigten sich nicht nur während der Erarbeitung der Erklärung, sondern blieben bestehen und trugen ihren Teil zur späteren Spaltung der Bekennenden Kirche bei. Bereits knappe zwei Wochen nach der Synode, am 11. Juni 1934, brachten acht lutherische Pfarrer bzw. Theologen, darunter die beiden Erlanger Theologieprofessoren Paul Althaus und Werner Elert, eine scharfe Kritik der Barmer Theologischen Erklärung an die Öffentlichkeit. Der in Anspielung auf ein altes Bekenntnisdokument der Reformationszeit «Ansbacher Ratschlag» genannte Text (Schmidt II, 102–104; H/Th 209–211) sucht lutherische theologische Anliegen zu aktualisieren, indem er sie ungehemmt mit völkischem Denken verbindet. Gegen die Rede von Jesus Christus als dem *einen* Wort Gottes wird betont: «Das Wort Gottes redet zu uns als Gesetz und Evangelium.» (ebd., 102/210) Luther hatte pointiert herausgestellt, dass das Gesetz Gottes verkündet werden müsse, um dem Menschen seine Unfähigkeit, den Willen Gottes zu erfüllen, vor Augen zu stellen. Erst aufgrund dessen erwarte er sein Heil vollständig von der barmherzigen Zuwendung Gottes, die ihm im Evangelium zugesprochen werde. In höchstem Maße problematisch wurde die betonte Unterscheidung von Gesetz und Evangelium, weil der Ansbacher Ratschlag die inhaltliche Füllung dessen, was Gesetz bzw. Willen Gottes bedeutete, nicht mehr den biblischen Texten entnahm. Vielmehr wurde hier wie bei vielen lutherischen Theologen dieser Jahre das von den Kränkungen infolge des verlorenen Ersten Weltkrieges genährte völkische Denken normativ.

Das Gesetz [...] begegnet uns in der Gesamtwirklichkeit unseres Lebens, wie sie durch die Offenbarung Gottes ins Licht gesetzt wird. Es bindet jeden an den Stand, in den er von Gott berufen ist, und verpflichtet uns auf die natürlichen Ordnungen, denen wir unterworfen sind, wie Familie, Volk, Rasse (d. h. Blutzusammenhang). Und zwar sind wir einer bestimmten Familie, einem bestimmten Volk und einer bestimmten Rasse zugeordnet. Indem uns der Wille Gottes ferner stets in unserem Heute und Hier trifft, bindet er uns auch an den bestimmten historischen Augenblick der Familie, des Volkes, der Rasse, d. h. an einen bestimmten Moment ihrer Geschichte. (ebd., 103/210)

Der sich aufdrängende Widerspruch zum Evangelium der Liebe wurde dadurch vermieden, dass man im Zuge einer neulutherischen Zweireichelehre das Reich der Welt, in dem das harte Gesetz herrscht, streng von dem geistlichen Reich Gottes als Ort des Evangeliums schied.

Vor dem Hintergrund dieser Grundentscheidungen waren dem Theologen Elert, der als Hauptverfasser des Ansbacher Ratschlags gelten kann, kritische Abgrenzungen gegen völkisches Denken nicht möglich. Vielmehr kommt es zu dem erschütternden Irrglauben, dass Gott

> unserem Volk in seiner Not den Führer als «frommen und getreuen Oberherrn» geschenkt hat und in der nationalsozialistischen Staatsordnung «gut Regiment», ein Regiment mit «Zucht und Ehre» bereiten will. (Schmidt II, 103; H/Th 210)

Auch wenn nur ein begrenzter Teil des Luthertums die Kritik des Ansbacher Ratschlags an der Barmer Theologischen Erklärung mitvollzog, waren Schöpfungsordnungslehren weit verbreitet. Sie führten zu belastenden theologischen Auseinandersetzungen in der Bekennenden Kirche und erschwerten die Abgrenzung gegen die deutschchristliche Umgestaltung der evangelischen Kirche.

Zum dritten war der auf der Barmer Synode erzielte Durchbruch dadurch belastet, dass sich die Synodalen zwar in ihrer Sorge für die Kirche und ihr Bekenntnis einig waren, darüber hinaus aber sehr unterschiedliche weltanschaulich-politische Vorstellungen mitbrachten. Martin Greschat, der 1993 die Zusammensetzung der Synode unter sozialgeschichtlichen Gesichtspunkten untersucht hat, arbeitete den auffälligen Befund heraus, dass die 139 stimmberechtigten Synodalen (und eine Synodalin) aus 18 Landeskirchen im Vergleich zu früheren Synoden deutlich jünger waren und die Zahl der aktiven Gemeindepfarrer vergleichsweise groß war. Das politische Spektrum reichte von zwei Mitgliedern der SPD über acht der Deutschen Volkspartei (DVP), fünf des Christlich-Sozialen Volksdienstes (CSVD) und zehn der Deutschnationalen Volkspartei (DNVP)

bis hin zu sechs Mitgliedern der NSDAP (vor 1933!). Die über-
wiegende Mehrheit der nicht klar einer Partei zuzuordnenden
Synodalen kann als nationalkonservativ orientiert charakteri-
siert werden. Unter ihnen neigten 17 zur NSDAP oder traten ihr
seit 1933 bei. Vier von ihnen wurden allerdings zwischen 1933
und 1934 schon wieder aus der Partei ausgeschlossen bzw. waren in ein entsprechendes Verfahren involviert (vgl. Greschat).

In der Rückschau erscheint besonders bedauerlich, dass die
Barmer Theologische Erklärung kein ausdrückliches Wort zugunsten der verfolgten Menschen jüdischer Herkunft gefunden
hat. Die Diskussionen während der Tagung in Barmen und die
politische Orientierung der Mehrheit zeigen, dass man weit von
einem solchen Votum entfernt war. Gleichwohl darf die Bedeutung der Barmer Synode und ihrer Theologischen Erklärung für
den Weg der evangelischen Kirche im Dritten Reich nicht unter-
schätzt werden.

Widerstand in Bayern und Württemberg

Am 14. Juni 1934 kam der Nürnberger Ausschuss, der sich jetzt
«Bruderrat der Bekenntnissynode der Deutschen Evangelischen
Kirche» nannte, in Frankfurt am Main erneut zusammen. Hier
traten die unterschiedlichen Interessen der Vertreter der «zerstörten» und der «intakten» Kirchen in aller Schärfe hervor.
Während erstere auf eine klare Abgrenzung von den Deutschen
Christen drängten, suchten letztere die Bekenntnisgemeinschaft
möglichst offen zu halten, um ihr Kirchenregiment nicht zu gefährden. Zeitgleich bauten Asmussen und Fiedler in Bad Oeynhausen eine theologische Abteilung und eine Rechtsabteilung
auf, die in den folgenden Monaten die Hauptlast der Arbeit trugen.

Um den Verpflichtungscharakter der Bekenntnisgemeinschaft
in den Gemeinden sichtbar zu machen, forderten Vertreter der
«zerstörten» Kirchen die Einführung von Beitrittserklärungen.
Für den Bereich der großen preußischen Kirche kam es zu einem
Beschluss über die Unterzeichnung einer solchen Erklärung,
und allein in Westfalen gab es 1935 bereits 500 000 Erklärun-

gen, die als «Rote Karten» zum Markenzeichen der Bekennenden Kirche geworden waren. In Bayern lehnte man sie hingegen ausdrücklich ab. Auch sonst bemühte man sich in den «zerstörten» Kirchen um eine konsequente Scheidung von den deutsch-christlichen Kirchenleitungen. Das begann bereits mit der Abhaltung eigener, meist stark besuchter Versammlungen, die in Wirtshaussälen stattfanden, wenn die Gemeinderäume verweigert wurden, und bedeutete auch die Bildung eigener kirchenleitender Gremien auf den unterschiedlichsten Ebenen.

Knapp zwei Wochen nach der Barmer Synode setzten Müller und Jäger ihre Gleichschaltungspolitik mit der Eingliederung weiterer Landeskirchen in die Reichskirche fort. Noch im Juni wurden Oldenburg, Bremen, Lübeck und Eutin sowie die Pfalz eingegliedert, im Juli Baden, Hessen-Kassel mit Waldeck und Mecklenburg. Spätestens seit Mitte Juli war klar, dass den beiden süddeutschen Landeskirchen Württemberg und Bayern das gleiche Schicksal drohte. Jäger hatte zwei gleichlautende Schreiben an Meiser und Wurm gesandt, in denen er unverhohlen Zwangsmaßnahmen androhte:

> Im Interesse der Gesamtentwicklung läge es, wenn Sie freiwillig den Weg zur Einheit fänden, statt daß Sie in absehbarer Zeit unter eine allgemeine Regelung fallen müßten, die unabwendbar ist. (Schäfer III, 421)

Mitte August sandten die beiden Bischöfe Protestschreiben an Reichsinnenminister Wilhelm Frick und Hitler, der nach dem Tod Hindenburgs auch das Amt des Reichspräsidenten übernommen hatte. Als beide Schreiben ohne befriedigende Antwort blieben, suchte Meiser die Gemeinden seiner Kirche zu mobilisieren. Am 23. August trat in München die bayerische Landessynode zu einer außerordentlichen Sitzung zusammen, auf der Meiser über die dramatische Lage informierte. Daraufhin beschloss man die Verlesung einer Botschaft von allen bayerischen Kanzeln, in der die Gemeinden zur Gegenwehr gegen drohende illegale Eingliederungsmaßnahmen aufgefordert wurden. Die Gegenseite blieb indes nicht untätig und ließ die Verlesung ver-

bieten. Dass nun Polizei an den Türen der bayerischen Pfarr-
häuser klingelte, um die Verbotsverfügung zuzustellen, machte
den Ernst der Lage über die Maßen klar. Dennoch wurde die
Botschaft auf vielen Kanzeln verlesen.

Als am 3. September 1934 im «Gesetzesblatt der Deutschen
Evangelischen Kirche» zu lesen war, dass die Eingliederungsver-
ordnungen des Rechtswalters nun in der Evangelisch-Lutherischen Kirche in Bayern und der Evangelischen Landeskirche in
Württemberg in Kraft treten sollten, suchte Wurm den Rückhalt seiner württembergischen Pfarrerschaft. In einem Schreiben vom 7. September bat er um Billigung und weitere Unterstützung seines Kurses. Innerhalb von einer Woche antworteten
1174 Pfarrer (82 Prozent) positiv, lediglich 92 Pfarrer sprachen
sich dagegen aus (vgl. Scholder II, 351). Bereits einen Tag später
tauchte Jäger mit Begleitern im Gebäude des Oberkirchenrats in
Stuttgart auf, um die widerspenstige Kirchenleitung gefügig zu
machen. Wurm jedoch lehnte trotz der Drohungen die Anerkennung der Verordnung vom 3. September ab, worauf Jäger
Wurm mitteilte, dass er auf seine «geistlichen Funktionen beschränkt» sei, und einen reichskirchlichen Kommissar für die
Verwaltung der württembergischen Kirche einsetzte (vgl. ebd.;
Schäfer III, 529 f.). Kurz danach erklärte Jäger den Landesbischof und die widerspenstigen Oberkirchenräte für beurlaubt
und beauftragte den 43-jährigen Ebinger Stadtpfarrer Eberhard
Krauß mit der Wahrnehmung der Geschäfte des Landesbischofs. Damit war die Sache aber längst noch nicht entschieden.
Denn in ganz Württemberg regte sich heftiger Widerspruch gegen die Maßnahmen des Rechtswalters.

Als auch die Deutschen Christen mit Hilfe der Parteiorgani-
sationen die Bevölkerung zu mobilisieren suchten, reagierte
Wurm mit der Einladung an alle Pfarrer und ihre Frauen zu
einem gemeinsamen Abendmahlsgottesdienst am 4. Oktober.
800 der rund 1200 württembergischen Pfarrer nahmen daran
teil – ein bis dahin wohl einmaliges Ereignis in der württembergischen Kirchengeschichte, das das Gemeinschaftsgefühl unter den Pfarrern entscheidend veränderte. Am darauffolgenden
Sonntag, dem 6. Oktober, trugen 900 Pfarrer eine Botschaft des

Bischofs in die Gemeinden Württembergs. Fast zeitgleich erfolgte der Gegenschlag. Am 6. Oktober erhielt Wurm eine Verordnung des württembergischen Innenministeriums, die ihm
«bis auf weiteres» das Verlassen seiner Wohnung, «jede Betätigung im Kirchenstreit und jede Amtshandlung irgendwelcher
Art als Landesbischof» verbot (zit. in: Scholder II, 369). Drei
Tage später erklärte eine neugebildete Synode den Landesbischof für abgesetzt.

Zeitgleich begann der Versuch, die bayerische Landeskirche
einzugliedern, mit einer Hetzkampagne gegen Bischof Meiser.
Der Nürnberger Gauleiter Karl Holz forderte in einem weit-
verbreiteten Artikel der *Fränkischen Tageszeitung* vom 15. September die Ablösung Meisers, da dieser volksverräterisch han-
dele. Meiser sei treulos und wortbrüchig, da er sein nach dem
Führerempfang am 25. Januar 1934 gegebenes Treuebekennt-
nis «schmählich gebrochen» und den Reichsbischof «schändlich
verraten» habe (zit. ebd., 357 f.). Als Holz zu einer großen Kundgebung gegen Meiser am Abend des 17. September auf dem
Nürnberger Hauptmarkt aufrief, reagierten die Pfarrer der Stadt
mit Protesten auf den Kanzeln. Während der Massenkundge-
bung predigte Meiser in den überfüllten Hauptkirchen St. Lo-
renz, Heilig Geist und Egidien. Bald fanden auch außerhalb
Nürnbergs zahlreiche Bitt- und Bekenntnisgottesdienste statt.
Überall, wo Meiser auftrat, wurde er begeistert empfangen. Dadurch ermutigt, ging er in die Offensive und schrieb einen offenen Brief an den Reichsbischof, in dem er ihn in aller Deutlichkeit an seine bischöfliche Verantwortung erinnerte. Auch wenn
die staatlichen Repräsentanten in Bayern angesichts der hohen
Wellen, die die Kampagne gegen Meiser geschlagen hatte, zur
Zurückhaltung mahnten, suchte Jäger die Eingliederung der bayerischen Kirche gewaltsam zum Abschluss zu bringen.

Damit stellte er sich offensichtlich gegen den Willen des Ministerpräsidenten Siebert und des Reichsstatthalters Ritter von
Epp, was wohl damit zu erklären ist, dass er sich der Unterstützung des von Hitler zum Sonderbeauftragten für Kirchenfragen
ernannten ehemaligen Hauptmanns und Freikorpskämpfers
Franz von Pfeffer sicher sein konnte. Dieser war im März 1934

als alter Mitkämpfer Hitlers aus etwas undurchsichtigen Gründen und für alle Beteiligten überraschend – weil ohne jede besondere Qualifikation – mit dieser Aufgabe beauftragt worden und nutzte die Führervollmacht ausgiebig. Jäger reiste in Begleitung Pfeffers nach München und erklärte am 11. Oktober im Landeskirchenamt, im Beisein von Politischer Polizei und Berliner Kirchenbeamten, Meiser für abgesetzt. Die anwesenden Oberkirchenräte waren durch den lautstark vorgetragenen Vorwurf der «Meuterei und Rebellion» eingeschüchtert, und es wurden sogleich zwei Nachfolger für das jetzt in Altbayern und Franken geteilte Kirchengebiet ernannt (vgl. Scholder II, 372 f.).

Nun entstand eine Protestbewegung, die in Umfang und Intensität während des gesamten Dritten Reichs ohne Parallele blieb und Hitler zur vollständigen Rücknahme der Eingliederungsmaßnahmen zwang. Noch am Abend des 11. Oktober predigte der rasch von einer Reise zurückgerufene Landesbischof in der Münchener Matthäuskirche über Hebräer 10,39: «Wir aber sind nicht von denen, die da weichen und verdammt werden, sondern von denen, die da glauben und ihre Seele erretten.» Alle Pfarrer der Stadt nahmen teil, und auch dieser Gottesdienst war überfüllt. Am nächsten Morgen, sechs Tage nach Wurm, wurde Meiser ebenfalls unter Hausarrest gestellt. Die Verlesung einer Kundgebung des Landesbischofs und des Landeskirchenrates in den meisten Gottesdiensten am Sonntag, dem 14. Oktober, konnte aber nicht verhindert werden.

> Wir klagen [...] vor Gott und der Gemeinde, wir klagen vor Volk und Staat, wir klagen vor dem Führer des Reiches über den Bruch von Treu und Glauben, über die Zerstörung von Charakter und Vertrauen [...]. Wir rufen unsere Pfarrer und Gemeinden auf, diesem bekenntnis- und verfassungswidrigen Kirchenregiment keinen Gehorsam zu leisten [...]. Der Landesbischof und der Landeskirchenrat bleiben auch in Zukunft die rechtmäßige kirchliche Obrigkeit [...].
> (Scholder II, 374)

Bereits am 15. Oktober wandte sich der Ministerpräsident angesichts der Flut von Telegrammen und Protesten hilfesuchend nach Berlin. Er sprach von einem «furor protestanti-

cus», von dem er nicht glaube, dass er bald abflauen werde
(zit. ebd., 375). Gerade der Sachverhalt, dass die Proteste selbst
aus den Reihen der Partei kamen, war verstörend. Am 20. Oktober schrieb Siebert wiederum an den Reichsinnenminister und
berichtete, am Tag zuvor sei unangemeldet eine Abordnung von
15 Parteigenossen aus Franken aufgetaucht. Diese hätten betont, im Auftrag von 60 000 Bauern zu sprechen, und erklärt,
dass «95 v. H.[undert] der Bauernschaft Frankens [...] hinter
Meiser» stünden (zit. ebd.). Fast verzweifelt wirkte das Ersu-
chen, dass der «Führer» sich der Sache annehmen müsse, damit
es «nicht zu schwersten inneren Unruhen» komme (zit. ebd.).
Dabei hatten die Bauern alles andere als politischen Widerstand
im Sinn. Denn sie bekundeten dem Ministerpräsidenten, «sie
würden nur drei Begriffe kennen: Führer, protestantischen
Glauben und Grund und Boden, ließen sich aber von diesen drei
Dingen *keines* nehmen» (zit. ebd., 376).

Die Synode von Dahlem

Zu dem erheblichen innenpolitischen Druck traten nun noch
zwei weitere Entwicklungen hinzu, die zum Abbruch der Gleichschaltungspolitik Jägers und der Deutschen Christen führten.
Zum einen kam es zur zweiten Reichsbekenntnissynode in Berlin-Dahlem, und zum anderen bewirkten die ökumenischen Kontakte ins Ausland einen deutlich verschärften außenpolitischen
Druck. Die Entwicklungen in Württemberg und Bayern wurden
im Ausland ebenso wie in allen Teilen Deutschlands aufmerksam verfolgt. So stellte sich bereits im September angesichts der
Maßnahmen Jägers gegen den württembergischen Landesbischof die Frage einer erneuten Reichsbekenntnissynode als Reaktion. Nach dem Hilferuf aus Bayern wurden die Planungen
beschleunigt, um die Synode verkürzt und so bald wie möglich
durchzuführen. Man wollte sie unbedingt vor der am 25. Oktober 1934 geplanten Vereidigung des Reichsbischofs und der
Landesbischöfe auf den «Führer» stattfinden lassen, die als
feierlicher Höhepunkt der Einigung bzw. Gleichschaltung der
evangelischen Kirche inszeniert werden sollte. Unter höchstem

Zeitdruck beriet der Bruderrat am 16. Oktober über eine «Botschaft der Bekenntnissynode der Deutschen Evangelischen Kirche». Denn bereits am 19./20. Oktober sollte die Synode stattfinden. 143 Synodale aus 15 Landeskirchen und den Kirchenprovinzen der altpreußischen Union waren angereist und berieten ähnlich wie in Barmen über den eingebrachten Text. Aufgrund der knappen Zeitplanung musste jedoch über die Hälfte der Synodalen schon vor Ende der Tagung abreisen, so dass der zur Abstimmung gestellte Text schließlich nur mit 52 Stimmen angenommen wurde. Immerhin 20 Synodale konnten trotz eingehender Beratung und Diskussion nicht zustimmen.

Einig war man sich in der Verurteilung der gewaltsamen Gleichschaltungspolitik Jägers in Württemberg und Bayern. Umstritten indes war die Konsequenz, mit der das zu schaffende «kirchliche Notrecht» umgesetzt werden sollte. Aufgrund des Anspruchs, die wahre Deutsche Evangelische Kirche zu repräsentieren, waren nun von der Ebene der Gemeinden bis zu einer Vorläufigen Kirchenleitung eigenständige Gremien zu schaffen. Und auf keiner Ebene durfte mit deutschchristlichen Leitungsorganen zusammengearbeitet werden. In den Gebieten, in denen die Bekennende Kirche nur schwach vertreten war, bedeutete dies jedoch einen an Vermessenheit grenzenden Anspruch. Denn es hieß unter Umständen, dass sich eine verschwindend kleine Minderheit als alleinige, wahre Kirche verstehen musste. In dem entscheidenden dritten Absatz des dritten Teils des verabschiedeten Textes hieß es:

> Wir fordern die christlichen Gemeinden, ihre Pfarrer und Ältesten auf, von der bisherigen Reichskirchenregierung und ihren Behörden keine Weisungen entgegenzunehmen und sich von der Zusammenarbeit mit denen zurückzuziehen, die diesem Kirchenregiment weiterhin gehorsam sein wollen. Wir fordern sie auf, sich an die Anordnungen der Bekenntnissynode der Deutschen Evangelischen Kirche und der von ihr anerkannten Organe zu halten. (KJ 83; H/Th 232)

Damit war eine Zusammenarbeit mit Deutschen Christen oder auch denen, die sich ihnen unterstellten, grundsätzlich ausgeschlossen. Das Verbot der Dahlemer Synode galt selbst für Bereiche wie das Baurecht. Es sollte in den kommenden Jahren Anlass für vielfältige Auseinandersetzungen innerhalb der Bekennenden Kirche sein und seinen kompromisslosen Verfechtern den Namen «Dahlemiten» einbringen.

An der Dahlemer Synode nahm anders als noch in Barmen ein offizieller Vertreter des ökumenischen Rates teil. Daran wurde die dritte Entwicklung, die zum Abbruch der Gleichschaltungspolitik von Jäger und Konsorten führte, deutlich: der verschärfte außenpolitische Druck. Der Präsident des ökumenischen Rates, Bischof George Bell von Chichester, hatte seinen Freund Alphons Koechlin, den Präsidenten des Schweizerischen Kirchenbundes, gebeten, diesen Auftrag zu übernehmen. Bell war durch den seit Herbst 1933 in London als deutscher Auslandspfarrer tätigen und ihm durch die gemeinsame ökumenische Arbeit bekannten Dietrich Bonhoeffer über die Auseinandersetzungen der Bekennenden Kirche mit den Deutschen Christen eingehend informiert und hatte bereits mehrfach zugunsten der Bekennenden Kirche interveniert. Nun drohte er in Abstimmung mit dem Erzbischof von Canterbury, Cosmo Lang, dem deutschen Geschäftsträger in London wegen der Eingriffe in die bayerische und württembergische Kirche mit dem Abbruch der Beziehungen der Ökumene zur Reichskirche. In gleicher Weise drohte Lang der Reichsregierung in Gestalt des Botschafters mit einem Votum der englischen Bischöfe, falls die Maßnahmen gegen Wurm und Meiser nicht rückgängig gemacht würden und Jäger ausgeschaltet werde. Das Auswärtige Amt war alarmiert. Der Außenminister intervenierte persönlich bei Hitler und betonte, die Kirchenfrage sei inzwischen «mehr und mehr zu einer Frage des politischen Ansehens des Reiches selbst geworden» (zit. in: Scholder II, 377).

Offensichtlich erst jetzt, nach den Interventionen aus dem Ausland und der Synode, begann Hitler tätig zu werden. Über den Reichsjustizminister Franz Gürtner suchte er Klarheit zu bekommen, ob Jägers Verordnungen und Gesetze bei einer juristischen Überprüfung durch das Reichsgericht Bestand hätten. Dieser antwortete auf die konkrete, den Streit um die Entlassung Niemöllers betreffende Anfrage, dass diese bei einer

Revision vor dem Reichsgericht keinen Bestand hätte. Wiederum stand der juristische Ratschlag Flors im Hintergrund, denn der Reichsgerichtsrat war am 23. Oktober von Gürtner persönlich konsultiert worden. Vielleicht war es diese am 24. Oktober erhaltene Information, die Hitler nun zu einem recht plötzlichen Umsteuern in der Kirchenpolitik veranlasste. Einen Tag später berief er Pfeffer ab, und wiederum zwei Tage darauf erhielt Jäger die Aufforderung, seinen Rücktritt einzureichen. Zwischenzeitlich kam dem Reichsbischof die nicht gerade angenehme Aufgabe zu, der bereits zu der großangekündigten Vereidigung am folgenden Tag in Berlin eingetroffenen Prominenz deutschchristlicher Bischöfe zu erklären, dass Hitler die Vereidigung abgesagt habe. Der endgültige Verlust seiner kirchenpolitischen Bedeutung war damit besiegelt. Statt die Vereidigung zu vollziehen, lud Hitler die unter Hausarrest stehenden Bischöfe Meiser und Wurm zusammen mit dem Hannoverschen Bischof Marahrens zu einem Gespräch am 30. Oktober nach Berlin ein. Durch den Empfang wurden die süddeutschen Bischöfe «als rechtmäßige Kirchenführer anerkannt [und] ermächtigt, ihr Amt wieder zu übernehmen» (Dokumente II, 197). Der Preis für diesen Sieg der Bekennenden Kirche war hoch. Wieder konnte sich Hitler in der Öffentlichkeit als derjenige inszenieren, dem durch seine Autorität eine Überwindung der Streitigkeiten in der Kirche gelungen war.

Immerhin konnte die Bekennende Kirche nun mit der Umsetzung der Dahlemer Beschlüsse, das heißt dem Aufbau eigenständiger Leitungsstrukturen bis hin zu unabhängigen Predigerseminaren zur Ausbildung der angehenden Pfarrer, beginnen. Aber schon die Auseinandersetzungen um die Bildung einer 1. Vorläufigen Kirchenleitung offenbarten die unterschiedlichen Standpunkte. Auf der einen Seite standen die konsequenten Verfechter der Dahlemer Beschlüsse, die vor allem aus den «zerstörten» Kirchen kamen. Auf der anderen Seite verfochten die Bischöfe der «intakten» Kirchen im Verein mit betont lutherisch ausgerichteten Kreisen eine Öffnung zur Mitte hin. Hier war es ein elementares Ziel, die staatliche Anerkennung der Kirchenleitung zu gewinnen und darum kompromissorientierte Kräfte mit einzubeziehen. Die Vorläufige Kirchenleitung sollte nicht allein aus Vertretern des Bruderrats bestehen. Diese Richtung setzte sich am 22. November 1934 nach turbulenten Auseinandersetzungen durch. An der Spitze der 1. Vorläufigen Kirchenleitung sollte der Hannoversche Bischof August Marahrens stehen – ein Mann, der weder dem Bruderrat angehörte noch bisher durch besonderes Engagement im Kampf gegen die Deutschen Christen aufgefallen war.

4. Ausgrenzung und Repression (1935–1939)

Nach dem Scheitern der gewaltsamen Eingliederungspolitik Jägers und Müllers suchte Hitler seit 1935 die Verhältnisse in der evangelischen Kirche zu beruhigen. Die Politik einer vermeintlichen Neutralität des Staates bedeutete jedoch nicht im Mindesten, dass Hitler nun auf die Gleichschaltung der evangelischen Kirche verzichten wollte. Das zeigen schon die seit 1935 verschärften Angriffe auf die katholische Kirche und der verstärkte Weltanschauungskampf insgesamt.

Im Visier der Machthaber

In den Jahren nach 1933 wurde der Sachverhalt, dass die nach Artikel 31 des Reichskonkordats geschützten katholischen Vereine bzw. Vereinigungen im Konkordat nicht benannt worden waren, zu einer schweren Belastung für die katholische Kirche (s. oben S. 33). Sie war nun unaufhörlich um eine Klärung bemüht, ohne ein echtes Druckmittel in den Händen zu halten. Man konnte nur an die Vertragstreue der Gegenseite appellieren, musste aber umso deutlicher seine eigene Staatsloyalität beweisen. Neben den mentalen Reserven gegen jede Art von mangelndem Obrigkeitsgehorsam war das ein weiteres Hindernis bei der Formulierung entschiedener Proteste gegen die Übergriffe von Seiten des Staates.

Wie in der evangelischen Kirche gab es im Episkopat recht unterschiedliche Auffassungen über die Notwendigkeit zu Abgrenzung oder Zusammenarbeit mit der nationalsozialistischen Staatsführung. Sie traten vielfach zutage und erschwerten oder verhinderten klare Voten der Bischöfe. So konnten der Freiburger Erzbischof Gröber und der Osnabrücker Bischof Berning der Eingliederung der katholischen Jugendverbände in die Hitlerjugend positive Seiten abgewinnen. Auch der Münchener Erzbischof von Faulhaber sah die Chancen der Eingliederung, indem er auf die neuen Seelsorgemöglichkeiten hinwies. Der Vorsitzende der Fuldaer Bischofskonferenz und wichtigste Repräsentant des Episkopats in Deutschland, Kardinal Bertram, mahnte wiederum grundsätzlich zur Zurückhaltung in der öffentlichen Rede. Der diplomatisch-bürokratischen Politik früherer Zeit verhaftet, setzte der am Ende des Krieges 86 Jahre alte Kardinal ganz auf Eingaben an die verschiedensten staatlichen Instanzen. Als außerordentlich nachteilig erwies sich der Umstand, dass diesen jeweils langwierige Abstimmungsprozesse unter den Bischöfen vorangingen. Vor allem aber hat Bertram mehrfach die Verlesung von Hirtenworten, die schon erarbeitet waren, verhindert (s. unten S. 94 f. u. 99). Auf der anderen Seite des Spektrums stand Konrad Graf von Preysing, seit 1932 Bischof von Eichstätt und seit 1935 Bischof von Berlin. In seiner Berliner Zeit scheute er nicht den Konflikt mit Bertram und wurde im Laufe der Jahre zu dem Vertreter des deutschen Episkopats, der am profiliertesten nicht nur für die Wahrung der Interessen der Kirche, sondern auch für die Menschenrechte der vom NS-Regime Verfolgten eintrat.

Anders als die evangelische Kirche hatte die katholische Kirche nicht mit unmittelbaren Eingriffen in ihre Ordnung zu kämpfen. Hier war es neben ständigen konkordatswidrigen Übergriffen gegen Verbände und Repräsentanten des Katholizismus insbesondere das staatlich geförderte Vordringen neuheidnischer, christentumsfeindlicher Religiosität, das entschiedenen Widerspruch hervorrief. Das wichtigste Sammelbecken entsprechender Kräfte war seit 1933 die «Arbeitsgemeinschaft der Deutschen Glaubensbewegung», an deren Spitze der Tübinger

Religionswissenschaftler Wilhelm Hauer und der NSDAP-Reichstagsabgeordnete Ernst Graf zu Reventlow standen. Kardinal von Faulhaber hatte sich bereits in seinen vielbeachteten Adventspredigten 1933 kritisch mit der völkisch-germanischen Weltanschauung auseinandergesetzt (Gruber 143–147). Als Hitler am 24. Januar 1934 mit Alfred Rosenberg den wichtigsten Ideengeber dieser Kreise zum «Beauftragten des Führers für die Überwachung der gesamten geistigen und weltanschaulichen Schulung und Erziehung der NSDAP» ernannte, legten die Bischöfe entschiedenen Protest ein. Rosenbergs *Mythus des 20. Jahrhunderts* wurde am 7. Februar 1934 auf den römischen Index der verbotenen Bücher gesetzt. Schon ein halbes Jahr zuvor hatten die Bischöfe das «Gesetz zur Verhütung erbkranken Nachwuchses» vom 14. Juli 1933 scharf kritisiert. Es sah die zwangsweise Sterilisierung erbkranker Menschen aufgrund medizinischer Gutachten und nach dem Entscheid eigens dafür eingerichteter Erbgesundheitsgerichte vor. Die Bischöfe erklärten es unmissverständlich für nicht erlaubt, sich selbst sterilisieren zu lassen oder einen entsprechenden Antrag für andere zu stellen.

Wiederholt trugen die Bischöfe ihre Beschwerden über Konkordatsverletzungen vor. Am 7. Februar 1934 brachte der von Hitler eingeladene Kölner Kardinal Carl Joseph Schulte ein Memorandum mit, das in aller Deutlichkeit die grundsätzlich christentumsfeindliche Stimmung der regierenden Bewegung beklagte. Darin wurden auch vielfache Übergriffe von Parteigliederungen auf Repräsentanten und Einrichtungen der katholischen Kirche benannt. Die Verhandlungen über die Ausführungsbestimmungen zum Konkordat scheiterten, unter anderem weil Kardinalstaatssekretär Pacelli in der Frage der Eingliederung der katholischen Jugendverbände in die Hitlerjugend zu keinen Zugeständnissen bereit war. In der Folge übernahmen die Bischöfe Gröber, Berning und Bares (Berlin) die Verhandlungen. Diese konnten im Juni 1934 mit dem Verhandlungsführer der Gegenseite, dem Leiter der kulturpolitischen Abteilung im Reichsministerium des Innern, Rudolf Buttmann, einen Kompromiss finden. Pacelli stimmte dem jedoch nicht zu und pochte auf die Entscheidungshoheit Roms.

In dramatischer Weise spitzte sich die Situation zu, als am 30. Juni und am 1. Juli 1934 die Morde im Zusammenhang mit der Ausschaltung de SA-Führung auch führende Repräsentanten des Katholizismus trafen. Neben dem Münchener Publizisten Fritz Gerlich und dem Führer der katholischen Jugendbewegung im Rheinland, Adalbert Probst, wurde auch der Leiter der Katholischen Aktion, Ministerialdirektor Erich Klausener, in seinem Büro im Reichsverkehrsministerium ermordet. In unmittelbarer Nähe hatten gerade noch Verhandlungen über die Ausführungsbestimmungen des Konkordats und die Behandlung der katholischen Jugendverbände stattgefunden. Auch wenn die Morde erhebliche Unruhe unter Katholiken auslösten, erfolgte weder in München oder Köln noch in Berlin ein deutliches Protestsignal in dieser Sache.

Im Grunde dauerte es vier Jahre, bis die Bischöfe bzw. der Papst in Rom ein öffentliches Wort sprachen, das in aller Entschiedenheit die Missstände anprangerte. Neben den gescheiterten Nachverhandlungen zum Reichskonkordat, den anhaltenden Angriffen auf katholische Verbände und der offenen Förderung neuheidnischer, christentumsfeindlicher Religiosität waren es wohl drei weitere Entwicklungen, die hierzu den Ausschlag gaben. Die Maßnahmen gegen katholische Bekenntnisschulen wurden intensiviert, in Bayern wurde ein Gesetz über die Senkung der Staatsleistungen für kirchliche Zwecke erlassen, und nach den vorangegangenen Devisenprozessen gegen Ordensangehörige brach 1936 eine erste Welle von Prozessen gegen Priester wegen vorgeschobener Sittlichkeitsvergehen los. Offensichtliches Ziel der in den Medien breitgetretenen Vorwürfe war die Diskreditierung der katholischen Kirche als moralische Autorität.

In dieser angespannten Lage unterzeichnete Papst Pius XI. am 14. März 1937 die in deutscher Sprache verfasste Enzyklika «Mit brennender Sorge», die am 21. März von allen katholischen Kanzeln Deutschlands verlesen wurde. Die Kardinäle Schulte und von Faulhaber sowie die Bischöfe von Preysing und von Galen hatten den Papst im Januar 1937 gedrängt, seine Stimme zu erheben. Von Faulhaber wurde mit der Abfassung eines Entwurfs beauftragt, den Pacelli um kritische Ausführungen zur nationalsozialistischen Weltanschauung und eine lange, das Konkordat betreffende Einleitung erweiterte. Bereits am 12. März konnte das Dokument heimlich nach Deutschland gebracht und dem Nuntius Cesare Orsenigo übergeben werden. In den folgenden Tagen wurden unter größter Geheimhaltung ca. 300 000 Exemplare in kirchennahen Druckereien gedruckt und verteilt.

Die von Pacelli redigierte Einleitung beklagt «Machenschaften, die von Anfang [an] kein anderes Ziel kannten als den Vernichtungskampf» gegen die Kirche, ohne Hitler oder die Reichsregierung als Verantwortliche explizit zu benennen (Gruber 309). Die andere Seite habe

> die Vertragsumdeutung, die Vertragsumgehung, die Vertragsaushöhlung, schließlich die mehr oder minder öffentliche Vertragsverletzung zum ungeschriebenen Gesetz des Handelns gemacht. (ebd., 309 f.)

In der üblichen Form werden Irrtümer und Häresien benannt und die rechte katholische Lehre dargestellt. So wird das Alte Testament als Teil der Gottesoffenbarung verteidigt und auch die Relativierung des Gesetzes Gottes durch die nationalsozialistische Rassenlehre zurückgewiesen, ohne sich freilich eingehender mit dem Antisemitismus auseinanderzusetzen. Und wie zuvor keine kirchenamtliche Stellungnahme gegen die Nürnberger Rassengesetze vom 15. September 1935, welche die Ehe mit sogenannten Nichtariern unter Strafe stellten, zu hören war, so bleibt auch die Enzyklika an dieser Stelle undeutlich bzw. schweigsam.

Die Verlesung von Teilen des Textes am 21. März 1937 überraschte die für die Überwachung Zuständigen, aber die Reaktionen erfolgten schnell und heftig. Schon in der Karwoche kam es zu ersten Hausdurchsuchungen und Verhaftungen. Druckereien, die am Druck und der Verbreitung der Enzyklika mitgewirkt hatten, wurden entschädigungslos enteignet. Mehrere Bekenntnisschulen, Klöster und kirchliche Ausbildungseinrichtungen wurden geschlossen. Die Präsenz der katholischen Kirche in der Öffentlichkeit erfuhr eine weitere Beschränkung.

Wiederum fanden spektakulär inszenierte Prozesse statt wegen angeblicher Sittlichkeitsvergehen von Priestern und Ordensangehörigen.

Der Einfluss des Staates wächst

Die verstärkten Bemühungen, die Kirchen aus der Öffentlichkeit zu verdrängen, mit denen sich die katholischen Bischöfe jetzt auseinanderzusetzen hatten, waren auch eine Folge davon, dass die Eingliederung der evangelischen Landeskirchen im Jahre 1934 gescheitert war. Diejenigen Kräfte in der nationalsozialistischen Bewegung, die von vornherein eine Entkonfessionalisierung des öffentlichen Lebens und nicht die deutschchristliche Umgestaltung der evangelischen Kirche propagiert hatten, gewannen Aufwind. Mit dem Ausbau der SS, der Schaffung eines Sicherheitsdienstes (SD) und der Verlegung des SD-Hauptamtes von München nach Berlin Ende 1934 bekamen die kirchenfeindlichen Kräfte ein schlagkräftiges Organisationszentrum. Eine der beiden Zentralabteilungen der SD-Zentrale war diejenige für «Weltanschauliche Auswertung», deren Mitarbeiter in den folgenden Jahren in großem Stil die Bekämpfung und Bespitzelung der Kirchen und die Förderung neuheidnischer Religiosität organisierten. Nicht nur von katholischer, sondern auch von evangelischer Seite protestierte man in den Jahren 1935 bis 1939 vielfach gegen die offensichtliche Unterstützung der «Deutschen Glaubensbewegung» und ähnlicher Gruppierungen durch führende Vertreter der Partei. Gleich zu Beginn des Jahres 1935, am 4./5. März, verabschiedete die in Berlin-Dahlem tagende altpreußische Bekenntnissynode ein Wort gegen das Neuheidentum. Es verurteilte unmissverständlich die religiöse Überhöhung von Blut, Rasse und Volkstum und führte zur kurzfristigen Inhaftierung von ungefähr 500 Pfarrern im Osten Preußens (vgl. KJ 90–92; H/Th 363–365; Niesel 58–64).

Die verfahrene Situation in der evangelischen Kirche durch den Rücktritt Jägers, die Entmachtung des Reichsbischofs und die vor Gericht erzwungene Rücknahme von Gesetzen erforderte einen Neuansatz in der Kirchenpolitik. Insbesondere die andauernd starke Aufmerksamkeit des Auslands für den Kampf der Bekennenden Kirche machte in den Augen Hitlers eine Befriedung und Neuordnung drängend. Gleich zu Beginn des Jahres 1935 hatte sich der ehemalige Staatssekretär im Reichserziehungsministerium, Wilhelm Stuckart, mit einer Denkschrift über die Neuordnung des Verhältnisses von Staat und Kirche an die Reichskanzlei gewandt und als alter Kämpfer der NSDAP auch Hitlers Ohr gefunden (Dokumente II, 249–261). Hier wurde der Weg vorgezeichnet, den Hitler dann beschritt. Eine radikale Trennung von Kirche und Staat lehnte Stuckart ab, da ein Rückzug des Staates für die Kirche deren «Auflösung in eine Reihe von Sekten mit orthodoxem Gepräge» bedeuten würde (ebd., 252). Stattdessen sei der Weg einer «abwartende[n] Neutralität des Staates mit verschärfter Aufsicht über die Kirche» zu wählen. Das bedeutete eine strikte Begrenzung kirchlicher Instanzen auf den «kirchlich-religiösen Bereich». Ziel müsse die Oberaufsicht über die kirchliche Verwaltung sein, was insbesondere in Gestalt der Übernahme der Finanz- und Vermögensverwaltung der Kirche durch staatliche Instanzen zu erfolgen habe.

Anfang April 1935 zeichnete sich eine Lösung ab, die den Vorschlägen des seit März 1935 als Staatssekretär im Reichsinnenministerium tätigen Stuckart entsprach. Die *Basler Nachrichten* meldeten am 4. April, dass der ehemalige preußische Justizminister und seit Juni 1934 als Reichsminister ohne Geschäftsbereich wirkende Hanns Kerrl zum Kirchenminister ernannt werden solle. Der Mann, der dafür bekannt war, als einziger der führenden Nationalsozialisten gewisse Bibelkenntnisse zu besitzen, werde die Summepiskopatsrechte Hitlers wahrnehmen. Am 16. Juli 1935 übertrug Hitler Kerrl die Verantwortung für die kirchlichen Angelegenheiten (Dokumente II, 333; H/Th 294). Dieser erließ am 24. September ein «Gesetz zur Sicherung der DEK», das mit seinen zahlreichen (insgesamt 17!) Durchführungsverordnungen in den folgenden Jahren die Arbeit der Bekennenden Kirche in vielfacher Hinsicht einschränkte (H/Th 294 f.). Die erste Durchführungsverordnung verfügte am 3. Oktober 1935 die Bildung eines Reichskirchenausschusses sowie eines Landeskirchenausschusses der altpreußischen Union und entsprechender Provinzialkirchenausschüsse (H/Th 301 f.).

Schon vor der Bildung der Kirchenausschüsse waren zwei folgenschwere Maßnahmen getroffen worden. Im Februar und März 1935 wurden – als «Rechtshilfe» deklariert – Finanzabteilungen bei den Kirchen der altpreußischen Union eingerichtet. Die einschneidenden Konsequenzen zeigten sich in den folgenden Jahren. Indem den bekenntnistreuen Gemeinden die eigenständige Verfügung über ihr Vermögen und Spendenaufkommen entzogen wurde, beseitigte man eine entscheidende Voraussetzung für ein unabhängiges Gemeindeleben. Mit der 15. Durchführungsverordnung vom 25. Juni 1937 wurden auch Finanzabteilungen für die übrigen Kirchen der DEK geschaffen (H/Th 436–439). Mindestens ebenso folgenreich war das «Gesetz über das Beschlussverfahren in Rechtsangelegenheiten der DEK», das am 1. Juli 1935 in Kraft trat (Dokumente II,322–324). Damit ging die Entscheidung in Streitsachen von der ordentlichen Gerichtsbarkeit auf eine Beschlussstelle im Innenministerium über. Bis dahin waren die Entscheidungen der ordentlichen Gerichte in Streitsachen zwischen deutschchristlichen Kirchenleitungen und bekenntnisorientierten Gemeinden bzw. Pfarrern meist zugunsten der letzteren ausgefallen. Dies fiel nun fort und verschlechterte die rechtliche Stellung der bekenntnisorientierten Gemeinden signifikant.

Nach dem Willen Kerrls sollten die Kirchenausschüsse das ganze Spektrum kirchlicher Richtungen repräsentieren, um die Spaltung der evangelischen Kirche zu überwinden. In der Bekennenden Kirche konnte er angesehene Persönlichkeiten wie den ehemaligen westfälischen Generalsuperintendenten Zoellner und den 1933 vorzeitig pensionierten provinzialsächsischen Generalsuperintendenten Johannes Eger für eine Mitarbeit gewinnen. So sahen auch viele Anhänger der Bekennenden Kirche in den Plänen des Kirchenministers eine positive Wandlung der nationalsozialistischen Kirchenpolitik. Für andere war schon der erste Aufruf des Reichskirchenausschusses ein Grund, die Zusammenarbeit zu verweigern. Hier wurden die Gemeinden ermahnt,

in Fürbitte, Treue und Gehorsam zu Volk, Reich und Führer zu stehen. Wir bejahen die nationalsozialistische Volkwerdung auf der
Grundlage von Rasse, Blut und Boden. (KJ 108)

Kerrl erreichte sein Ziel einer Vereinigung aller wichtigen Kräfte
in der evangelischen Kirche unter den Kirchenausschüssen, die
dem Kirchenministerium verantwortlich waren, zu keiner Zeit.
Jedoch schwächte der dauernde Streit um die Stellung zu den
Kirchenausschüssen die Bekennende Kirche erheblich und trug
zur Spaltung in den folgenden Jahren sowie zum Niedergang
nach dem Aufbruch des Jahres 1934 bei.

Die Spaltung der Bekennenden Kirche

Die Beschlüsse der Dahlemer Reichsbekenntnissynode im Oktober 1934 und die Neuorientierung der staatlichen Kirchenpolitik im Frühjahr 1935 erforderten eine Klärung der Leitungsstrukturen und Organisationsform der Bekennenden Kirche.
Zudem schien es notwendig, die inhaftierten Pfarrer und Vikare
der Bekennenden Kirche durch ein öffentliches Zeichen zu un-
terstützen. Nach mehrfacher Verschiebung fand schließlich vom
4. bis 6. Juni 1935 in Augsburg die Dritte Reichsbekenntnissynode statt. Hier konnten die Spannungen innerhalb der Bekennenden Kirche, die nach Dahlem aufgebrochen waren und sich
nun zunehmend verschärft hatten, teilweise überbrückt werden.
So fand man einen Konsens über die Bestimmung der Kompetenzen der Leitungsgremien (Synode, Bruderrat und Vorläufige
Kirchenleitung). Die grundlegenden Differenzen blieben jedoch
bestehen und führten innerhalb eines knappen Jahres zu einer
Spaltung.

Diejenigen Kräfte, die bereits unmittelbar nach der Dahlemer
Synode die dort beschlossene strenge Abgrenzung von jeder
Zusammenarbeit mit Anhängern der Deutschen Christen abzu-
mildern suchten, erhielten angesichts der Neuorientierung der
staatlichen Kirchenpolitik kräftigen Auftrieb. Seit dem Frühjahr
1935 schien eine Zusammenarbeit mit den deutschchristlichen

Kirchenführern möglich, die sich von dem inzwischen weitgehend isolierten Reichsbischof abgewandt hatten. Wieder spielte die Neigung Meisers und anderer Lutheraner, in der Wahrung des lutherischen Bekenntnisses gegenüber allen unionistischen Tendenzen die erste Priorität zu sehen, eine zentrale Rolle. Denn die deutschchristlichen Kirchenführer, die verständigungsbereit zu sein schienen, waren allesamt Bischöfe lutherischer Kirchen.

Das zweite Schreckgespenst neben der Union, das Meiser und anderen Lutheranern vor Augen stand, war der Weg in die Freikirche. Es gehörte zu den nicht hinterfragten Grundentscheidungen, dass die lutherische, von der Wortverkündigung her verstandene Kirche Volkskirche zu sein hatte. Nicht die bekennende Gemeinschaft der Glaubenden, manifest in den Synoden und Presbyterien, stand hier im Zentrum, sondern das allem Volk das Wort verkündende Predigtamt. Die Frage Volkskirche oder Freikirche entschied sich im Wesentlichen an dem Problem der staatlichen Anerkennung. Und hier suchten die lutherischen Bischöfe ohne Unterlass, durch Kompromisse voranzukommen Dies wiederum stieß auf den entschiedenen Widerstand des bruderrätlichen, an der Geltung der Dahlemer Beschlüsse orientierten Flügels. Der Konflikt spitzte sich noch dadurch zu, dass auch Lutheraner der «zerstörten», bruderrätlich organisierten Landeskirchen zu dieser Aufweichung der Beschlüsse tendierten. So formulierte Friedrich von Bodelschwingh im August 1935 offene Kritik an «Dahlem III.3». Diese Beschlüsse seien in unverantwortlicher Weise «von übermüdeten und innerlich nicht mehr gesammelten Leuten gefaßt» worden. Nicht zuletzt dadurch sei die Chance eines Wechsels der Kirchenleitung Ende 1934 vertan worden. Er könne eine «Kanonisierung der Beschlüsse von Barmen und Dahlem nicht billigen» (zit. in: Besier 111).

Das Handeln der führenden Vertreter des Luthertums war bestimmt von der Sorge, das lutherische Bekenntnis auch innerhalb der Bekennenden Kirche zu wahren und zugleich durch die Zusammenarbeit mit den Kirchenausschüssen die Option einer staatlich anerkannten Kirchenleitung der DEK offen zu halten. Nachdem es bereits in der zweiten Jahreshälfte 1934 zu einem lockeren Zusammenschluss im sogenannten «Lutherischen Rat» gekommen war, wurde am 11. und 18. März 1936 ein «Rat der Evangelisch-Lutherischen Kirche Deutschlands» – kurz «Lutherrat» genannt – unter Vorsitz Meisers gegründet (vgl. H/Th 331 f.). Neben den «intakten» lutherischen Landeskirchen Bayern, Württemberg und Hannover waren an der Gründung auch Bruderräte von «zerstörten» lutherischen Kirchen sowie Lutheraner aus der altpreußischen Unionskirche beteiligt. Der Lutherrat beanspruchte, «die gemeinsame geistliche Leitung für die lutherischen Kirchen und Werke wahr[zunehmen], die sich der Bekennenden Kirche zugeordnet halten» (H/Th 336). Damit war neben die kirchenleitenden Organe der Bekennenden Kirche ein weiteres kirchenleitendes Gremium getreten. Problematisch wurde das insbesondere, weil der Lutherrat auf Kosten der Einheit der Bekennenden Kirche eine eigenständige Politik betrieb. Dauernder Streitpunkt war sein Bestreben, mit dem Reichskirchenausschuss zusammenzuarbeiten.

In eben dieser Frage hatte die vierte und letzte Reichsbekenntnissynode der evangelischen Kirche vom 17. bis 22. Februar 1936 in Bad Oeynhausen zu keiner Einigkeit finden können. Die Synode lehnte die Zusammenarbeit mit den Kirchenausschüssen zwar mehrheitlich ab (KJ 120–122; H/Th 328–331), aber die 1. Vorläufige Kirchenleitung trat zurück. Eine 2. Vorläufige Kirchenleitung wurde gebildet, die jegliche Zusammenarbeit mit den Kirchenausschüssen ablehnte und für eine konsequente Umsetzung der Dahlemer Beschlüsse eintrat. Mit dem ebenfalls in Folge der gescheiterten Synode gegründeten Lutherrat und der 2. Vorläufigen Kirchenleitung standen in der Bekennenden Kirche nun zwei kirchenleitende Organe nebeneinander, die unterschiedliche Ziele verfolgten. Immer wieder kam es zu Konflikten, nicht jedoch zu einem vollständigen Bruch (vgl. H/Th 337–340). Auch im Lutherrat war man nämlich angesichts der zunehmenden Behinderungen der kirchlichen Arbeit durch Partei und Staat entschlossen, die Zusammenarbeit im Rahmen der Bekennenden Kirche aufrechtzuerhalten.

Zu einem der theologisch profiliertesten Verteidiger der Dahlemer Beschlüsse wurde in diesen Jahren der junge Theologe

Dietrich Bonhoeffer. Noch nicht einmal dreißig Jahre alt, wurde er vom Bruderrat der altpreußischen Unionskirche im Frühjahr 1935 von seinem Auslandspfarramt in London zurück nach Deutschland gerufen. Bald nach der Dahlemer Synode hatte die Bekennende Kirche mit dem Aufbau eines eigenständigen Ausbildungs- und Prüfungswesens begonnen. Im Bereich der evangelischen Kirche der altpreußischen Union sollten fünf Predigerseminare zur Vikarsausbildung entstehen. Eines davon hatte Bonhoeffer aufzubauen und zu leiten. Bewusst wollte er in seinem Seminar in Finkenwalde bei Stettin die Kandidaten nicht nur fachlich bilden, sondern auch für den Kampf mit einem christentumsfeindlichen Staat geistlich rüsten. In den kommenden Jahren war das Predigerseminar mit den ihm verbundenen Brüdern eines der Hauptzentren des Widerstands gegen die Aufgabe oder Verwässerung der Beschlüsse von Barmen und Dahlem. Schon die Ergebnisse der Augsburger Reichsbekenntnissynode fand Bonhoeffer unzureichend, da man es unterlassen habe, etwas «Deutliches über die Freiheit der Kirche», zur «Lüge des § 24 im nationalsozialistischen Parteiprogramm» oder auch zur Judenverfolgung zu sagen (vgl. Bethge 499).

Bonhoeffers erste Reaktion auf die Einsetzung der Kirchenausschüsse war nicht nur eindeutig ablehnend, sondern er sah auch die entzweiende Wirkung für die Bekennende Kirche voraus:

> In der kirchlichen Entwicklung sehe ich ziemlich schwarz. Ich glaube, es werden uns jetzt viele verlassen, und scheint mir der Weg in die Freikirche einfach vorgeschrieben und notwendig. Ich halte das Eingehen auf den Kerrlschen Vorschlag einfach für unmöglich. (DBW 14, 86)

In einem Gutachten über «Irrlehre in der Bekennenden Kirche» (DBW 14, 700–713) vom Juni 1936 formulierte er eine theologisch begründete Ablehnung der Kirchenausschüsse, die an Deutlichkeit nichts zu wünschen übrig ließ. Darin hieß es, diese könnten nach lutherischer Lehre nicht als Kirchenleitung anerkannt werden, weil sie in ihrer Einsetzung, ihrer Zusammensetzung und ihren Grundsätzen bekenntniswidrig seien. Nachweislich würden Irrlehrer in den Kirchenausschüssen mitarbeiten und die rechte Lehre verfolgt. Ferner sei in den Äußerungen Zoellners, Egers und anderer im Keim alles enthalten, was an Irrlehre über das Wesen der Kirche und des Staates bei den Deutschen Christen vorhanden ist.

Bonhoeffer kritisierte die Reichsbekenntnissynode in Bad Oeynhausen, weil sie kein klares Verbot einer Mitarbeit in den Kirchenausschüssen ausgesprochen habe.

> Es ist unzweifelhaft, daß sie [die Kirchenleitung der Ausschüsse] der wahren Kirchenleitung gefährlicher ist als die Reichskirchenregierung. (DBW 14, 675)

Die erstaunlich hellsichtigen Urteile Bonhoeffers über Kerrls Kirchenpolitik standen in krassem Gegensatz zu den Hoffnungen, die viele evangelische, aber auch katholische Kirchenführer in den neuen Kirchenminister setzten. Bonhoeffers Einschätzungen lassen sich aus den engen Kontakten mit dem befreundeten Schwager Hans von Dohnanyi, der als Leiter des Büros des Reichsjustizministers tätig war, erklären. Dohnanyi hat Bonhoeffer mit geheimstem Hintergrundwissen, zum Beispiel über den «Röhm-Putsch», versorgt. Er kannte Kerrl aus der gemeinsamen Arbeit in einer Kommission zur Reform des Strafrechts, wo dieser, anders als er sich nun in der Öffentlichkeit darzustellen suchte, als Verfechter scharfer Maßnahmen gegen Abweichler und Gegner des Regimes hervorgetreten war (vgl. Strohm 1989, 301 f.).

Nur wenige sahen mit gleicher Klarheit wie Bonhoeffer die wahren antikirchlichen und christentumsfeindlichen Ziele des nationalsozialistischen Regimes. Entsprechend suchte er die ihm anvertrauten Vikare für einen möglicherweise langandauernden Konflikt zu rüsten. 1936 schrieb er an die ehemaligen Kursmitglieder:

> Ich meine, wir sollten uns alle bereit machen, durch leibliche und geistliche Zucht für den Tag, an dem wir einmal auf die Probe gestellt werden. (DBW 14, 169)

Bonhoeffers Arbeit als Direktor eines Predigerseminars der Bekennenden Kirche war in mancher Hinsicht exemplarisch für den Weg der Bekennenden Kirche in den «zerstörten», deutschchristlich geleiteten Landeskirchen in den Jahren nach 1935. Angesichts dauernder Behinderungen und Verfolgungen durch Repräsentanten der NSDAP, die Gestapo, den Sicherheitsdienst der SS oder andere Instanzen suchte man das anvertraute Bekenntnis und das überkommene kirchliche Leben zu bewahren. Dies durchzuhalten wurde immer schwieriger und endete mancherorts im Rückzug. Bonhoeffers Predigerseminar, das in hohem Maße von der – auch materiellen – Unterstützung durch die Gemeinden lebte, wurde im September 1937 aufgrund eines Erlasses des Reichsführers SS und Chefs der deutschen Polizei Himmler geschlossen. Danach konnte die Ausbildung der Kandidaten für das Pfarramt noch zweieinhalb Jahre an verschiedenen Orten Hinterpommerns in verdeckter Form fortgeführt werden.

Verschärfter Druck

Die Politik des Kirchenministers, mit Hilfe von Kirchenausschüssen eine Neuordnung der evangelischen Kirche zu erreichen, war von Anfang an zum Scheitern verurteilt. Denn es lehnte nicht nur ein beträchtlicher Teil der Bekennenden Kirche eine Mitarbeit ab; auch einzelne NS-Gauleitungen sprachen sich gegen die Entmachtung der deutschchristlichen Kirchenleitungen zugunsten von Landeskirchenausschüssen aus. So konnten in Thüringen, Mecklenburg, Lübeck und Anhalt keine entsprechenden Kirchenausschüsse gebildet werden. Ferner kam es mit dem Reichskirchenausschuss selbst zu ständigen Konflikten, weil der Kirchenminister Verordnungen erließ, ohne diese «Kirchenleitung» im Geringsten einzubeziehen. Zoellner hatte als Vorsitzender des Reichskirchenausschusses selbst wiederum durchaus den Willen, gegen deutschchristliche Kirchenleitungen vorzugehen. Hier bekam er jedoch schnell seine Grenzen aufgezeigt. Am 4. Februar 1937 versuchte er im deutschchristlich geleiteten Lübeck zu predigen, wurde aber von der Geheimen Staatspolizei am Betreten der Kanzel gehindert. Das war auch für den kompromissorientierten Zoellner zu viel. Am 12. Februar reichte er zusammen mit dem Reichskirchenausschuss seinen Rücktritt ein.

Nun zeigten sich erneut die gegensätzlichen Ziele der NS-Führer in Fragen der Kirchenpolitik. Kerrl reagierte auf den Rücktritt mit der Ankündigung verstärkter staatlicher Eingriffe in die Leitung der evangelischen Kirche (vgl. Dokumente III, 318–320). Dagegen zielten Goebbels, Himmler und andere auf eine konsequente Verdrängung der Kirchen aus der Öffentlichkeit ab. Noch bevor Kerrl seine geplanten Maßnahmen umsetzen konnte, verkündete Hitler überraschend am 15. Februar 1937 die Abhaltung von Wahlen, in denen «die Kirche in voller Freiheit nach eigener Bestimmung des Kirchenvolkes sich selbst die neue Verfassung und damit eine neue Ordnung geben» sollte (Dokumente IV, 1; KJ 162).

In allen kirchlichen Gruppierungen begannen hitzige Diskussionen über das weitere Vorgehen. Angesichts der Erfahrungen mit den Kirchenwahlen des Jahres 1933 gab es in der Bekennenden Kirche erhebliche Bedenken gegen eine Beteiligung an den Wahlen. Da man von staatlicher Seite neue Unruhen und einen Boykott-Aufruf befürchtete, wurde die Wahl mehrfach verschoben und im November 1937 förmlich abgesagt. Zugleich übertrug Kerrl dem Juristen Friedrich Werner, der schon 1933 eine der entscheidenden Gestalten bei der Übernahme der altpreußischen Unionskirche durch die Deutschen Christen gewesen war, die wichtigsten Leitungsfunktionen der evangelischen Kirche. Im September 1937 wurde Werner zum Präsidenten des Oberkirchenrates der altpreußischen Union und Leiter der Kanzlei der DEK sowie der Finanzabteilungen ernannt. Per Verordnung vom 17. Dezember 1937 erklärte Kerrl ausdrücklich, dass die Leitung der DEK nunmehr beim Leiter der Kirchenkanzlei läge. Im Hintergrund und mit wachsendem Einfluss wirkte Kerrls Staatssekretär Hermann Muhs.

Nicht zuletzt durch das Instrument staatlicher Finanzabteilungen, die bis hin zur Kollektenvergabe die ökonomischen Angelegenheiten der Gemeinden verwalteten, gelang es Werner, das Gemeindeleben der Bekennenden Kirche in den folgenden Jahren erheblich einzuschränken. Hinzu kam ein wachsender Verfolgungsdruck mit zahlreichen Verhaftungen, aber auch vielfältig abgestuften Aufenthalts- und Redeverboten. Am 23. Juni 1937 löste die Gestapo eine Sitzung des Reichsbruderrates in der Friedrichwerderschen Kirche in Berlin auf und nahm mehrere Mitglieder fest. Ebenfalls im Juni wurde der bereits seit 1933 zwangspensionierte kurmärkische Generalsuperintendent Otto Dibelius verhaftet und des Verstoßes gegen das Heimtücke-Gesetz angeklagt. Dibelius hatte in einem offenen Brief die Kirchenpolitik Kerrls scharf angegriffen.

Wie ein Fanal wirkte die Verhaftung Martin Niemöllers am Morgen des 1. Juli 1937 in seinem Wohnhaus Cecilienallee 61 in Berlin-Dahlem. Niemand ahnte, dass Niemöller sein Haus acht Jahre nicht wieder betreten würde. Obwohl die Haftstrafe mit der Untersuchungshaft abgegolten war, wurde Niemöller unmittelbar nach der Verurteilung am 2. März 1938 als «persönlicher Gefangener des Führers» in das Konzentrationslager Sachsenhausen verbracht und blieb bis Kriegsende im Konzentrationslager Dachau inhaftiert. Im November 1937 verhaftete die Gestapo den Pfarrer der Hunsrückgemeinde Dickenschied, Paul Schneider. Unbeugsam klagte dieser auch noch im Konzentrationslager Buchenwald das Unrecht der SS-Schergen an und verkündigte bis zuletzt seinen Mithäftlingen die Worte der Heiligen Schrift. Der «Prediger von Buchenwald» wurde der erste evangelische Pfarrer, der Folter und Mord des NS-Regimes zum Opfer fiel.

Die vermehrten Verhaftungen evangelischer und katholischer Geistlicher riefen verstärkte Gegenwehr hervor. In den Gottesdiensten wurde für die in Haft Gehaltenen gebetet. Vereinzelt kam es wie anlässlich der Verhaftung Niemöllers zu öffentlichen Protesten. Zur Beerdigung Schneiders am 21. Juli 1939 kamen zahlreiche Gäste nach Dickenschied, unter ihnen etwa 200 Pfarrer. Die zur Überwachung und Registrierung der Teilnehmer abkommandierten Gestapo-Mitarbeiter waren völlig überfordert und wohl auch beeindruckt.

Gleichwohl führten die verschärfte Überwachung durch Gestapo und die Kirchenabteilung des Sicherheitsdienstes sowie die Vielzahl der knebelnden Maßnahmen zu einer starken Einschränkung des kirchlichen Lebens. Am 30. Juli 1937 erklärte das Propagandaministerium, dass jegliche schriftliche Mitteilung in vervielfältigter Form unter das Schriftleitergesetz falle. Weitere Maßnahmen zur Ausdünnung und Beschränkung der kirchlichen Presse folgten. Die Zurückdrängung des kirchlichen Einflusses auf das Erziehungswesen insgesamt wurde vorangetrieben (Dokumente IV, 239 f., 348–350), und auch die Pläne zum Abbau Theologischer Fakultäten konkretisierten sich (ebd., 284–297). Der Druck auf die jungen Kandidaten, die sich nicht der «Kirchenleitung» Werners unterstellen wollten, nahm laufend zu. Da die Prüfungstätigkeit der Bekennenden Kirche für verboten erklärt worden war, galten sie als «Illegale».

In den Jahren 1938 und 1939 kam es zu weiteren verhängnisvollen Entwicklungen, die die Einheit der Bekennenden Kirche erneut auf eine schwere Belastungsprobe stellten und schließlich auch die Autorität der Bekenntnissynoden und Bruderräte beschädigten. Am 20. April 1938, anlässlich des «Führer-Geburtstags», forderte der Präsident des Evangelischen Oberkirchenrats, Werner, alle Pfarrer der altpreußischen Union auf, einen Treueid auf Hitler abzulegen. Die Bekennende Kirche entzweite sich an der Frage, ob dem Folge zu leisten sei. Am 31. Juli beschloss die 6. Bekenntnissynode der altpreußischen Union in Berlin-Steglitz mit knapper Mehrheit, dass der Eid unter bestimmten Bedingungen zu leisten sei (vgl. KJ 250–256). Man war der Ansicht, dass der Eid von staatlicher und nicht von kirchlicher Seite gefordert worden und somit rechtens sei. Dies stellte sich Anfang September 1938 zur allgemeinen Bestürzung als Täuschung heraus. Denn es wurde bekannt, dass der Reichsleiter der NSDAP und Stabsleiter im Amt des «Stellvertreters des Führers», Martin Bormann, bereits am 13. Juli an alle Gauleiter der Partei geschrieben hatte, die Eidesleistung sei eine innerkirchliche Angelegenheit. Durch diese Fehleinschätzung wurde das Vertrauen in die Bekennende Kirche und ihre Synoden bei vielen Mitgliedern wie nie zuvor erschüttert.

Zur gleichen Zeit begannen erneute Verhandlungen zwischen Vertretern der Bruderräte, den süddeutschen Bischöfen Meiser und Wurm sowie vermeintlich Neutralen wie dem ehemaligen Geistlichen Vizepräsidenten des Evangelischen Oberkirchenrats, Hermann Georg Burghart, über die Errichtung einer gemeinsamen Kirchenleitung (vgl. Niesel 160–174). Ergebnis dieser sogenannten Essener Verhandlungen war neben einem Gutachten zu Barmen («Essen I») und Überlegungen zu einer Notordnung der DEK («Essen II») ein von Präses Koch und Pfarrer Fritz Müller (Dahlem) an alle Pfarrer der altpreußischen Union versandter «Entwurf einer Ordnung zur Bestellung einer Kirchenleitung» («Essen III») vom 23. August 1938. Nicht alle waren bereit, diesen Weg mitzugehen. So wandte sich zum Beispiel Bonhoeffer empört gegen das Kompromissdokument, da es die «Verleugnung der uns von Gott geschenkten Erkenntnisse der Barmer und Dahlemer Synode» bedeute (DBW 15, 64). Er schrieb an Koch und Müller (Dahlem) weiter:

Sagen Sie bitte nicht, es sei aus mannigfachen Gründen höchst unklug, gerade jetzt Opposition zu treiben. Was klug oder unklug ist, wissen wir in dieser Lage alle nicht. Aber daß es nicht geraten ist, gegen Gottes klare Weisung, gegen die erkannte Wahrheit und gegen das Gewissen zu handeln, das ist gewiß. Sie wissen selbst, welche Verwirrung die 6. Synode [mit dem Beschluss der Eidesleistung] in der B.[ekennenden] K.[irche] angerichtet hat. Wir hatten nach dieser Niederlage in der Tat ein anderes, ein geistlicheres Wort unserer Kirchenleitung erwartet. Was uns nun angeraten wird, ist die Selbstaufgabe der Bekennenden Kirche. Hier werden wir nicht mehr folgen. (ebd., 66 f.)

Wenige Wochen später wurde die Bekennende Kirche durch die Auseinandersetzungen um einen Brief des im Schweizer Exil lebenden Karl Barth an den Prager Theologieprofessor Josef Hromádka und die Ausarbeitung einer Gebetsliturgie durch die 2. Vorläufige Kirchenleitung angesichts der drohenden Kriegsgefahr erneut schwer erschüttert (Niesel 187–193). Barths Brief, in dem die Tschechen aufgefordert wurden, dem drohenden deutschen Einmarsch auch um der Kirche Christi willen zu widerstehen, war an die Öffentlichkeit gelangt und hatte einen Sturm der Entrüstung entfacht. Die nationalistisch angeheizte Stimmung entlud sich in der Vorläufigen Kirchenleitung über den Verfassern der Gebetsliturgie, die die Gemeinden aufgefordert hatten, mit einem mutigen Schuldbekenntnis um Abwendung der unmittelbaren Kriegsgefahr zu beten. Unter Führung der Bischöfe Meiser, Wurm und Marahrens distanzierte sich ein großer Teil der Bekennenden Kirche von der Vorläufigen Kirchenleitung, während diese wiederum Barth der häretischen Vermischung des geistlichen und politischen Bereiches beschuldigte.

Schließlich gelang es Kerrl und seinem Staatssekretär Muhs, auch den Lutherrat, der sich weiterhin als Teil der Bekennenden Kirche verstand, zu spalten. Am 3. Mai 1939 hatte der Rat noch geschlossen die sogenannte «Godesberger Erklärung» zurückgewiesen, in der Vertreter der Deutschen Christen und der kirchlichen Mitte programmatisch erklärten, für eine Neuordnung auf dem Boden der «dem deutschen Volke artgemäße[n] nationalsozialistische[n] Weltanschauung» arbeiten zu wollen (KJ 285). In dieser Erklärung, so die Vertreter des Lutherrats, sei «nicht eine einzige zentrale christliche Aussage» (zit. in: Schneider 2008, 197). Unmittelbar darauf versuchte Kerrl erneut, sämtliche Kirchenführer auf eine gemeinsame Erklärung zur Kirchenordnung zu verpflichten. Auch hier war die Grundlage der vorgesehenen Neuordnung die Synthese von NS-Ideologie und Christentum. Neben dem unerbittlichen Kampf gegen «den politischen und geistigen Einfluß der jüdischen Rasse auf unser völkisches Leben» wurde «die nationalsozialistische Weltanschauung [...] auch für den christlichen Deutschen» postuliert (Dokumente IV, 354).

Ohne sich mit den anderen Mitgliedern des Lutherrates abgestimmt zu haben, unterschrieb Marahrens nach einigem Zögern diese Erklärung, wenn auch nur mit einem schriftlichen Kommentar. Auf einer Krisensitzung am 3. Juli 1939 distanzierten sich die meisten Ratsmitglieder in aller Deutlichkeit von dem problematischen Verhalten Marahrens'. Zwar brach der Lutherrat nicht auseinander, aber das Vertrauensverhältnis zwischen den süddeutschen Bischöfen und Marahrens war nachhaltig gestört und das Ansehen des Rates im bruderrätlichen Flügel der Bekennenden Kirche weiter beschädigt.

5. Krieg und Verfolgung (1939–1945)

Kirchenfeindschaft und Entkonfessionalisierung

Das Scheitern von Kerrls Plan, die evangelische Kirche durch die Schaffung von Kirchenausschüssen zu befrieden und dem nationalsozialistischen Staat einzugliedern, schwächte die Autorität des Ministers nachdrücklich. Schon im Verlauf des Jahres 1938 fand er mit seinem Argument, auf diese Weise könne eine starke Bastion im Kampf gegen den eigentlichen Gegner, die katholische Kirche, aufgebaut werden, bei Hitler kein Gehör mehr (Dokumente IV, 278–280).

Stattdessen gewannen in den beiden Jahren vor Kriegsbeginn die Vertreter einer konsequenten Zurückdrängung jeglichen christlichen Einflusses im nationalsozialistischen Staat weiter an Boden. Mit der Annexion Österreichs und des Sudetenlandes im Jahre 1938, der Eingliederung des Memelgebiets, der Zerschlagung der Tschechoslowakei und der Errichtung des Reichsprotektorats Böhmen und Mähren eröffneten sich den «weltanschaulichen Distanzierungskräften» um Bormann, den «Stellvertreter des Führers», Rudolf Heß, Himmler und Rosenberg noch vor Kriegsbeginn neue Möglichkeiten, ihren Zielen näher zu kommen. Schon die Beschränkung der Kompetenzen des Kirchenministers auf das «Altreich» und die neuen Möglichkeiten, in den hinzugewonnenen Territorien eine von rechtlichen Bindungen weitgehend ungehemmte Unterdrückung des kirchlichen Lebens durchzusetzen, zeigten die veränderte Situation. Nach der Eingliederung Österreichs am 13. März 1938 war es gelungen, nahezu sämtliche Privatschulen, vor allem die Ordens- und Klosterschulen, zu beseitigen. Unter ausdrücklichem Verweis darauf suchte Bormann, Entsprechendes auch im Altreich umzusetzen (Dokumente IV, 239 f.). Nur weil der einmal mehr zögernde Hitler neue Konflikte mit den Kirchen – auch aus außenpolitischen Gründen – vermeiden wollte, gelang das vorläufig nicht.

Bei Kriegsbeginn verbot Hitler für die Dauer des Krieges ausdrücklich jede Aktion gegen die katholische und evangelische Kirche. Im Juli 1940 unterstrich er noch einmal, dass «alle nicht unbedingt notwendigen Maßnahmen zu vermeiden» seien, «die das Verhältnis des Staates und der Partei zur Kirche verschlechtern könnten» (Dokumente V, 177; Gruber 423). Zugleich wurde von Bormann und anderen betont, dass dies nicht zu Unklarheiten in der nationalsozialistischen Grundhaltung führen dürfe. Immerhin jedoch bedeutete Hitlers Anweisung einen vorläufigen Aufschub des Vernichtungskampfes gegen die Kirchen.

Behinderungen und Verfolgungen vielfältigster Art hielten indes an. Im Januar 1941 forderte ein Geheimerlass Bormanns die Gauleiter der NSDAP zur Beschlagnahme von Klöstern auf (Dokumente V, 237; Gruber 432). Von diesem «Klostersturm» waren im ersten Halbjahr 1941 ungefähr 120 Klöster betroffen. Das Vordringen der «weltanschaulichen Distanzierungskräfte» ging mit der weitgehenden Entmachtung des Kirchenministers einher. Ende 1940 wurden Kerrls Kompetenzen auch offiziell auf das «Altreich» begrenzt (Dokumente V, 201–205). Als er am 14. Dezember 1941 starb, gab es für ihn keinen Nachfolger mehr. Staatssekretär Muhs, der das System der staatlichen Finanzabteilungen weiter ausbaute, erlangte nicht mehr den Rang eines Reichsministers. Die Kräfte, die die Kirchen zügig und vollständig aus dem öffentlichen Leben verdrängen wollten, sahen sich durch Äußerungen Hitlers ermutigt, der im vertrauten Kreis seinen Willen unterstrichen hatte, die Kirchen zu vernichten. In seiner Jugend sei er noch der Auffassung gewesen, dass das mit «Dynamit» zu geschehen habe.

> Heute sehe ich ein, man kann das nicht übers Knie brechen. Es muß abfaulen wie ein brandiges Glied. [...] Die gesunde Jugend ist bei uns. (Jochmann 1980, 150, 13.12.1941)

Eine wirkliche Entspannung im Verhältnis des Staates zu den Kirchen ist auch in Kriegszeiten nicht eingetreten. So konnte der Kölner Erzbischof Schulte am 20. August 1940 vor der Fuldaer Bischofskonferenz nur ernüchtert feststellen:

In dem Verhältnis von Staat und Partei zur Kirche ist ein Abbau un-
freundlicher Tendenzen wohl nicht in dem Maße eingetreten, wie
man es für die Kriegszeit hätte erwarten können. Wohl ist es bei dem
schon im Vorjahre festgestellten Verzicht auf ganz grobe und besonders aufreizende Verstöße geblieben. Daß eine grundsätzliche Änderung nicht eingetreten ist, beweisen unter anderem der Abbau des
Religionsunterrichts an den höheren Schulen, die Verordnung gegen
die Abhaltung von Exerzitien- und Einkehrtagen, die, falls sie
durchgeführt wird, einem völligen Verbot gleichkommt, [...]. (Akten V, 178 f.; Gruber 424)

Von einem auch nur vorläufigen «Burgfrieden» kann man also
nicht wirklich sprechen.

Schon 1940 hatte Bormann durchgesetzt, die Verantwortung
für die Kirchenpolitik in den im Osten eroberten Gebieten den
Gauleitern zu übertragen. In einem geheimen Rundschreiben an
die Gauleiter vom 9. Juni 1941 erläuterte er seine kirchenpolitischen Grundsätze. Ausgangspunkt war die Grundentscheidung,
dass nationalsozialistische und christliche Auffassungen unver-
einbar seien (Dokumente V, 307; KJ 450). Bormann beschreibt
die Fehlentwicklungen in der deutschen Geschichte, die zu dem
großen Einfluss der Kirchen geführt hätten, und sieht nun die
Chance, das zu korrigieren.

Alle Einflüsse, die die durch den Führer mit Hilfe der NSDAP aus-
geübte Volksführung beeinträchtigen oder gar schädigen könnten,
müssen ausgeschaltet werden. [...] Niemals aber darf den Kirchen
wieder ein Einfluss auf die Volksführung eingeräumt werden. Dieser muss restlos und endgültig gebrochen werden. [...] Das Interesse
des Reiches liegt nicht in der Überwindung, sondern in der Erhaltung und Verstärkung des kirchlichen Partikularismus. (ebd., 309;
ebd., 451 f.)

Klarer hätte man die Absage an Kerrls Kirchenpolitik kaum for-
mulieren können. Das Schreiben blieb – zum Ärger des Reichs-
propagandaministers – nicht geheim und löste erhebliche Unruhe und Proteste in den Kirchen, auch im Ausland, aus. Hier
war von dem inzwischen mächtigsten Mann nach Hitler und

Himmler in aller Klarheit der Vernichtungswille gegen die Kirchen ausgesprochen und begründet worden. Noch gab es im «Altreich» zu viel Widerstand gegen diese antikirchliche Politik, so dass sie hier nicht umgesetzt werden konnte. Anders verhielt es sich im besetzten Polen. Hier wurde konkret sichtbar, welche Gestalt eine entsprechende Kirchenpolitik haben würde.

Nach der Aufteilung des Landes erfolgte Ende Oktober 1939 die Bildung des Reichsgaus Wartheland aus der ehemaligen preußischen Provinz Posen. Obwohl das Gebiet Teil des Reiches geworden war, lehnte man den Beitritt der Protestanten zur Deutschen Evangelischen Kirche ausdrücklich ab. Stattdessen verkündete der Gauleiter und Reichsstatthalter Arthur Greiser am 14. März 1940 eine 13 Punkte umfassende Anordnung, die die Kirchen zu Religionsvereinen ohne staatskirchenrechtliche Relevanz erklärte:

> 1. Es gibt keine Kirchen mehr im staatlichen Sinne, sondern es gibt nur noch religiöse Kirchengesellschaften im Sinne von Vereinen. 2. Die Leitung der Kirchen liegt nicht in Händen von Behörden, sondern von Vereinsvorständen. 3. Aus diesem Grunde gibt es auf diesem Gebiete keine Gesetze, Verfügungen und Erlasse mehr. 4. Es bestehen keine Beziehungen mehr zu Gruppen außerhalb des Gaues, auch keine rechtliche, finanzielle oder dienstliche Bindung an die Reichskirche. 5. Mitglieder können nur Volljährige durch eine schriftliche Beitrittserklärung werden. [...] 6. Alle konfessionellen Untergruppen, Nebenorganisationen (Jugendgruppen) sind aufgehoben und verboten. [...] 9. Es dürfen außer dem Vereinsbeitrag keine finanziellen Zuschüsse geleistet werden. 10. Die Vereine dürfen kein Eigentum wie Gebäude, Häuser, Felder, Friedhöfe außer den Kulträumen besitzen. 11. Alle Stifte und Klöster werden aufgelöst, da diese der deutschen Sittlichkeit und der Bevölkerungspolitik nicht entsprechen. (KJ 434 f.; Gruber 422 f.)

Schließlich wurden die Mitarbeit in der Wohlfahrtspflege und die Tätigkeit von hauptamtlichen Geistlichen verboten. Weit über die betroffenen Gebiete hinaus riefen die 1941 in Kraft gesetzten 13 Regelungen zur Trennung von Staat und Kirche entschiedene Proteste hervor. Denn es war offensichtlich, dass hier ein Modell für die zukünftige Liquidierung der Kirchen auch in anderen Gebieten vorgelegt wurde.

Bedrängnis und Auszehrung

In den letzten Jahren des Dritten Reiches hatten beide Kirchen mit ähnlichen Bedrängnissen und Verfolgungen zu kämpfen. Die Überwachung durch die Gestapo und die zuständige Abteilung des Hauptamtes des Sicherheitsdienstes der SS, seit Kriegsbeginn zusammengefasst im Reichssicherheitshauptamt (RSHA), wurde immer engmaschiger. Nicht nur der Einfluss der katholischen, sondern ebenso der evangelischen Kirche auf die Gesellschaft wurde zurückgedrängt, insbesondere im Bereich der Erziehung. Kirchliche Schulen und Kindergärten wurden aufgelöst, kirchliche Einrichtungen beschlagnahmt oder enteignet und die kirchliche Presse weitestgehend verboten. Angesichts des Krieges suchte Hitler aber eine Eskalation der Konflikte zu vermeiden. So wurden zahlreiche Verfahren gegen Pfarrer, Bruderratsmitglieder oder Ordensangehörige kriegsbedingt, teilweise sogar durch ausdrückliche Amnestien, niedergeschlagen.

In der kriegsmobilisierten Gesellschaft war der Krieg allgegenwärtig, und entsprechend ergaben sich sehr konkrete, einschneidende Folgen für das Leben der Kirchen. Nicht nur waren Millionen von Gläubigen als Soldaten zur Wehrmacht eingezogen, auch eine große Zahl von Pfarrern und Priestern dienten an der Front und fehlten entsprechend in den Gemeinden. Zahlreiche kirchliche Einrichtungen hatten kriegswichtige Aufgaben zu erfüllen. Mit Blick auf die katholische Kirche hat Annette Mertens für das Jahr 1943 folgende Zahlen bilanziert:

1943 waren rund 3400 kirchliche und klösterliche Einrichtungen für kriegsbedingte Zwecke in Anspruch genommen, schätzungsweise zwei Drittel aller Ordensfrauen erfüllten kriegswichtige Aufgaben, vor allem in der Krankenpflege. Neben rund 650 Militärgeistlichen standen etwa 20 000 weitere Geistliche, Ordensleute oder Priesteramtsanwärter zumeist als Sanitätssoldaten an der Front. (Mertens 198)

Auf evangelischer Seite war die Bekennende Kirche in erheblichem Maße betroffen, da ein großer Teil der Bekenntnispastoren jüngeren Alters war. Entsprechend hoch war der Anteil der Eingezogenen, was freilich auch für die deutschchristlichen Gegner galt. Als wichtigste Herausforderung der Bekennenden Kirche erschien nun nicht mehr die Abwehr der deutschchristlichen Häresie oder der Übergriffe des Staates und der Partei, sondern die Aufrechterhaltung der Verkündigung. Man baute planmäßig die Ausbildung von Predigthelfern auf, die überall die eingezogenen Pfarrer ersetzten. Auch Frauen bekamen in wachsendem, wenn auch insgesamt beschränktem Maße Verkündigungs- und Gemeindeleitungsfunktionen übertragen (vgl. Herbrecht u. a.).

Unmittelbar nach Kriegsbeginn betonten Repräsentanten beider Kirchen ihren Patriotismus und die Pflicht, in der Stunde der Not des Volkes zusammenzustehen. Ein Hirtenwort der katholischen Bischöfe vom 4. September 1939, das wohl nur in der Diözese Mainz verkündet wurde, rief zum Gehorsam gegenüber dem «Führer» und zum eifrigen Gebet für einen guten Ausgang des Krieges auf:

> In dieser entscheidungsvollen Stunde ermuntern und ermahnen wir unsere katholischen Soldaten, in Gehorsam gegen den Führer, opferwillig, unter Hingabe ihrer ganzen Persönlichkeit ihre Pflicht zu tun. Das gläubige Volk rufen wir zu heißem Gebet, dass Gottes Vorsehung den ausgebrochenen Krieg zu einem für Vaterland und Volk segensreichen Erfolg und Frieden führen möge. (Gruber 406)

Entsprechend forderten Vertreter der evangelischen Kirche in zahlreichen Erklärungen und Kanzelworten «Gehorsam gegen den Führer» und verstärkte Fürbitte «für Führer und Reich». Es gab keine Kriegsbegeisterung wie im Jahre 1914, und in den kirchlichen Voten waren durchaus Unterschiede im Grad der Identifizierung mit dem Staat Hitlers zu hören. Aber selbst ein treuer Kämpfer für die Sache der Bekennenden Kirche wie Martin Niemöller meldete sich aus dem Konzentrationslager heraus freiwillig zur Kriegsmarine. Auch der im August 1938 aus seiner Diözese vertriebene Bischof von Rottenburg und entschiedene Gegner des Nationalsozialismus, Johannes Baptista Sproll, erflehte Gottes Segen für alle, die dem Aufruf des «Führers» gefolgt waren. Als am 22. Juni 1941 die deutschen Armeen zur Eroberung Russlands aufbrachen, gab es ebenfalls keine nennenswerte Kritik von den Verantwortlichen in der Kirche. Gerade die Notwendigkeit eines entschiedenen Kampfes gegen den Bolschewismus war allgemeiner Konsens. Jedoch sah der Reichskirchenminister Anlass, sich beim Vorsitzenden der Fuldaer Bischofskonferenz, Kardinal Bertram, über mangelnde Unterstützung in dem «im Interesse der ganzen Menschheit» geführten Kampf «gegen ihren gefährlichsten und am gewaltigsten gerüsteten Feind» zu beklagen (Akten V, 506; Gruber 450).

Ein dramatisches Zeugnis der Fehleinschätzung und Verblendung war das Telegramm, das die Leitung der Deutschen Evangelischen Kirche – ungeachtet ihrer höchst prekären Legitimation – am 30. Juni 1941 an Hitler sandte:

> Sie haben, mein Führer, die bolschewistische Gefahr im eigenen Lande gebannt und rufen nun unser Volk und die Völker Europas zum entscheidenden Waffengange gegen den Todfeind aller Ordnung und aller abendländisch-christlichen Kultur auf. Das deutsche Volk und mit ihm alle seine christlichen Glieder danken Ihnen für diese Ihre Tat. […] Der allmächtige Gott wolle Ihnen und unserem Volk beistehen, daß wir gegen den doppelten Feind den Sieg gewinnen, dem all unser Wollen und Handeln gelten muß. (KJ 458; H/Th 550)

Urheber dieses Wortes war der sogenannte «Geistliche Vertrauensrat», ein Gremium, das zu Beginn des Krieges auf Veranlassung des Leiters der Deutschen Evangelischen Kirchenkanzlei, Werner, gebildet worden war. Zweck dieses Rates war es, «angesichts der gegenwärtigen ernsten Lage des deutschen Volkes» zusammen mit Werner und

> im Auftrag der Deutschen Evangelischen Kirche diejenigen Entschließungen zu fassen und diejenigen Maßnahmen zu treffen […], die sich aus der Verpflichtung der Evangelischen Kirche gegen Führer, Volk und Staat ergeben und ihren geordneten und umfassenden Einsatz zu seelsorgerlichem Dienst am deutschen Volk zu fördern geeignet sind. (KJ 452)

Der Geistliche Vertrauensrat sollte die von Hitler gewünschte Beendigung der Auseinandersetzungen in der evangelischen Kirche bewerkstelligen. Dementsprechend kamen die drei Mitglieder aus den unterschiedlichen Gruppierungen. Der mecklenburgische Landesbischof Walther Schultz vertrat die Deutschen Christen. Der seit 1936 als Geistlicher Vizepräsident des preußischen Oberkirchenrats amtierende Oberkonsistorialrat Johannes Hymmen galt als sogenannter Neutraler, das heißt als Vertreter der Mittelgruppe. 1940 kam als assoziiertes Mitglied und Vertreter der Reformierten der bereits 1933 als deutschchristlicher Kirchenminister hervorgetretene Otto Weber hinzu.

Die Bekennende Kirche sollte Marahrens repräsentieren. Allerdings lehnte der bruderrätliche Flügel eine Mitarbeit strikt ab, und auch die süddeutschen Bischöfe Meiser und vor allem Wurm gingen bald auf klare Distanz. Marahrens sah seine Mitarbeit in diesem Gremium durch den Kampf gegen die Kräfte, die eine Verdrängung der Kirchen aus der Öffentlichkeit propagierten, legitimiert. Dadurch, dass er als Mitglied des Geistlichen Vertrauensrates nicht nur Hitlers Kriege ohne Einschränkung geistlich absegnete, sondern auch für die Segregation der evangelischen Christen jüdischer Herkunft eintrat (vgl. KJ 461), diskreditierte er sich jedoch für die weitere Mitarbeit am Wiederaufbau der evangelischen Kirche.

Der Geistliche Vertrauensrat trug zwar zu einer Befriedung der Auseinandersetzungen innerhalb der evangelischen Kirche seit Kriegsbeginn bei, aber Einigungsbemühungen, die auch in der Bekennenden Kirche Zustimmung fanden, brachte erst Bischof Wurm zustande. Seit Ende 1941 suchte er die verschiedenen Richtungen innerhalb der Bekennenden Kirche wieder zu vereinen und darüber hinaus andere, die sich an Schrift und Bekenntnis zu halten willens waren, einzubeziehen. Auch Wurms Aufruf zur Überwindung der in der evangelischen Kirche entstandenen Gräben im Dezember 1941 nahm unmittelbar auf die Kriegssituation Bezug (vgl. KJ 423). Ostern 1943 wurden 13 Sätze über den Auftrag und Dienst der Kirche mit den Unterschriften von 86 repräsentativen Persönlichkeiten an die Pfarrer und Gemeinden der evangelischen Kirche versandt, die die

Grundlage des Einigungswerkes bilden sollten (abgedr. ebd., 423–425). Ziel war es, «sich auf Grund dieser Sätze zusammen[zu]finden, um eine einheitliche geistliche Ausrichtung und Führung des Amtes der Kirche zu gewinnen.» (ebd., 424) Vorausgegangen war ein längerer Abstimmungsprozess, der aufgrund der weitgehenden Zensurmaßnahmen, aber auch der Zerstörungen infolge der alliierten Bombardierungen zunehmend aufwändiger wurde. Zudem mussten von Seiten des Lutherrates geäußerte Bedenken ausgeräumt werden, dass hier eine neue Union vorbereitet würde. So blieben die 13 Sätze im Anspruch zurückhaltend und betonten lediglich die Geltung der Heiligen Schrift und der Bekenntnisse. Angesichts der Kriegsnot des Jahres 1944 und der äußerst begrenzten Kommunikationsmöglichkeiten konnte Wurms Einigungswerk nur in Ansätzen Früchte tragen. Es bildete dann aber die entscheidende Grundlage für die Neuordnung der evangelischen Kirche in der Nachkriegszeit.

Das Ringen um ein gemeinsames Hirtenwort

Neben der Betonung der patriotischen Gesinnung und dem verstärkten Bemühen um Überbrückung der innerkirchlichen Parteiungen in der evangelischen Kirche war eine dritte Entwicklung charakteristisch für die Kriegsjahre. Repräsentanten beider Kirchen traten nun verstärkt mit Stellungnahmen hervor, die den christentumsfeindlichen Charakter staatlicher Maßnahmen klar benannten und endlich auch das Unrecht anklagten, das Menschen, die nicht der Kirche angehörten, erlitten. Im Laufe der vierziger Jahre gelangte eine wachsende Zahl der katholischen Bischöfe und ähnlich wohl der nicht-deutschchristlichen evangelischen Kirchenführer zu der Auffassung, dass die Kirchenfeindschaft ein elementarer Bestandteil der nationalsozialistischen Ideologie und Herrschaftsausübung und nicht nur auf extreme Flügel der Bewegung zurückzuführen sei.

Im katholischen Episkopat kam es zu heftigen Auseinandersetzungen in dieser Sache. Zunehmend umstritten war der Kurs des Vorsitzenden der Fuldaer Bischofskonferenz, Kardinal Bertram. Ganz der traditionellen Diplomatie verpflichtet, suchte

dieser bis zuletzt durch vertrauliche Eingaben auf die Verantwortlichen in Partei und Staat einzuwirken. Öffentlich geäußerte Kritik und Mobilisierung des Kirchenvolkes gegen Maßnahmen des Staates erschienen ihm geradezu kontraproduktiv,
wäre damit doch schnell der Schutz der Konkordatsregelungen
verloren. Der Streit über den richtigen Kurs gegenüber Partei
und Staat eskalierte, als Bertram am 10. April 1940, unmittelbar nach der Besetzung Dänemarks, einen Geburtstagsglück-
wunsch an Hitler sandte, ohne ihn mit den anderen Bischöfen
abgestimmt zu haben:

> Es geschieht das im Verein mit den heißen Gebeten, die die Katholi-
> ken Deutschlands am 20. April an den Altären für das Volk, Heer
> und Vaterland, für Staat und Führer zum Himmel senden. Es ge-
> schieht in dem tiefen Bewußtsein der ebenso vaterländischen wie reli-
> giösen Pflicht der Treue zum jetzigen Staate und seiner regierenden
> Obrigkeit im Vollsinne des göttlichen Gebotes, das der Heiland selbst
> und in seinem Namen der Völkerapostel verkündet hat. (Akten V, 47)

Der Berliner Bischof von Preysing erklärte aus Protest seinen
Rücktritt vom Pressereferat der Bischofskonferenz. Bertram gelang es noch einmal, die Mehrheit der Bischöfe hinter sich zu
scharen. Angesichts der Kloster-Aufhebungen konnte von Preysing jedoch erreichen, dass die Bischofskonferenz im Jahr 1941
einen «Ausschuß für Ordensangelegenheiten» berief. Dieser
Kreis, dem neben von Preysing die Bischöfe Berning (Osna-
brück), Dietz (Fulda) und Landersdorfer (Passau) sowie Erzbischof Gröber (Freiburg), ferner der Jurist Georg Angermeier
sowie die Ordensleute Laurentius Siemer, Augustin Rösch,
Odilo Braun und Lothar König angehörten, forderte den Episkopat zu gemeinsamen entschiedenen und öffentlichen Stellungnahmen gegen staatliches Unrecht auf (vgl. Leugers 109–241).

In einer Denkschrift mahnte Rösch, der Provinzialobere der
oberdeutschen Provinz des Jesuitenordens, am 20. Juni 1941
eine neue Taktik im Umgang mit den Machthabern an.

> Die rücksichtslosen Forderungen eines totalen Staates verlangen ein
> geschlossenes, einheitliches Vorgehen sämtlicher Bischöfe ohne Zu-

geständnisse, die dem Ganzen zum Nachteil gereichen. (Akten V, 400; Gruber 433)

Gegen Bertrams Politik der vertraulichen Eingaben wird ausdrücklich eine Denkschrift gefordert, die alle Klagen und Übergriffe zusammenfasst und die Pflicht der Bischöfe, für die kirchlichen Rechte einzutreten, betont (ebd.). Rösch und seine Mitstreiter im «Ausschuß für Ordensangelegenheiten» forderten auch eine präzise Abstimmung der Bischöfe über das Vorgehen angesichts der möglichen Reaktionen der Machthaber.

Schließlich mahnt der Text einen Kurswechsel an entscheidender Stelle an. Eine Denkschrift müsse angesichts von «schwersten Rechtsverletzungen» auch Sachverhalte, die über das kirchliche Leben hinaus Fragen von Recht und Unrecht insgesamt betreffen, behandeln.

Wer soll überhaupt noch für Naturrecht und Gottesgebote einstehen, wenn nicht die kirchliche Führung? Nicht bloß in unbekannten Protestschreiben, sondern in öffentlicher Stellungnahme: «Wo bleiben die Hüter der öffentlichen Sittlichkeit?» (ebd.)

In diesem Sinne einigten sich die Bischöfe im November 1941 auf ein gemeinsames Hirtenwort, das in aller Klarheit die Verletzung elementarer Rechtsgrundsätze anprangerte. Faktisch kam es wegen der Intervention Bertrams nicht zustande und wurde lediglich in entschärfter Form am 10. Dezember als Denkschrift der Reichsregierung übergeben (Akten V, 651–658; vgl. Leugers 249–260). Der nächste Versuch eines gemeinsamen Hirtenwortes, das am Passionssonntag, dem 22. März 1942, auf den Kanzeln verlesen werden sollte und das auch ausdrücklich die Einhaltung von Menschenrechten forderte, scheiterte wieder am Einspruch Bertrams (Akten V, 700–704; Gruber 467–472). Immerhin verlas es Kardinal von Faulhaber im Münchener Dom, und andere Bischöfe handelten ebenso. Erst im Jahre 1943 gelang ein gemeinsames Wort der Bischöfe, das sogenannte «Dekaloghirtenwort» (s. unten S. 99), trotz des erneuten Widerspruchs Bertrams, der indes wegen Krankheit an der entscheidenden Sitzung nicht teilnehmen konnte. Immerhin traten mit Beginn der vierziger Jahre einzelne Bischöfe mit klaren Voten und in außerordentlich wirkungsvoller Weise an die Öffentlichkeit. Auf katholischer Seite war das insbesondere der Bischof von Münster, Graf von Galen, auf evangelischer Seite seit 1941 der nach einer lebensbedrohlichen Erkrankung wieder genesene Bischof Wurm.

Staatlich verordneter Mord an unheilbar Kranken

Im Oktober 1939 ordnete Hitler die systematische Tötung sogenannten «lebensunwerten Lebens» an. Mit einem auf den 1. September 1939, den Tag des Kriegsbeginns, zurückdatierten Schreiben beauftragte er den Leiter der «Kanzlei des Führers», Philipp Bouhler, und seinen Begleitarzt Karl Brandt mit der organisatorischen Durchführung. Die Befugnisse namentlich zu bestimmender Ärzte sollten so erweitert werden, «daß nach menschlichem Ermessen unheilbar Kranken bei kritischster Beurteilung ihres Krankheitszustandes der Gnadentod gewährt werden kann» (H/Th 624). Mithilfe von Meldebögen, die spezielle Gutachterkommissionen bewerteten, wurden die Todeskandidaten ermittelt. LKWs oder Busse transportierten die Betroffenen in eine der sechs Tötungsanstalten Hadamar, Schloss Grafeneck, Schloss Hartheim bei Linz, Sonnenstein, Bernburg und Brandenburg an der Havel. Hier wurden sie in mit Duschen präparierten Räumen vergast, in der Sprache ihrer Mörder «desinfiziert». Die Angehörigen erhielten zum Teil erst nach monatelanger Suche die Nachricht, dass die Kranken überraschend verstorben und ihre Leichen «aus Angst vor Seuchen» verbrannt worden seien (vgl. Denzler/Fabricius 131). Diese nach dem Dienstsitz der Verantwortlichen in der Berliner Tiergartenstraße 4 «T4» genannte Aktion kostete ungefähr 70 000 Menschen das Leben, bevor Hitler am 24. August 1941 überraschend den Stopp der Tötungen verfügte. In den Jahren 1942 bis 1945 fanden weitere Mordaktionen statt, allerdings ohne eine zentrale Organisation wie zuvor.

Bald nach Beginn der Morde entstand Unruhe in der Bevölkerung. Die Häufung der Todesmitteilungen fiel auf, und es sprach sich herum, dass die angegebenen Todesursachen unglaubwürdig waren oder unmöglich stimmen konnten. So wurde einmal als Todesursache Blinddarmentzündung angegeben, die Angehörigen wussten jedoch, dass der Blinddarm bereits lange zuvor operiert worden war. Vom obersten Leitungsgremium der Deutschen Evangelischen Kirche, dem Geistlichen Vertrauensrat, war keinerlei Protest oder Mahnung angesichts der staatlich verordneten Tötungsaktionen zu erwarten. Jedoch begann in der Bekennenden Kirche eine intensive Diskussion um die Frage, wie man in den kirchlichen Pflegeanstalten auf das staatliche Ansinnen zu reagieren habe. So suchte zum Beispiel der westfälische Pfarrer Ernst Wilm, der seit seinem Lehrvikariat den von Bodelschwinghschen Anstalten verbunden war, seine Mitbrüder zu einem gemeinsamen Vorgehen gegen die Mordaktionen zu bewegen.

Ohne Parallele war der entschiedene Widerspruch des 1935 zum Präses der Synode der Bekennenden Kirche in Sachsen gewählten Juristen Lothar Kreyssig. Als Vormundschaftsrichter in Brandenburg an der Havel tätig, hatte er bemerkt, dass sich Nachrichten über den Tod seiner behinderten Mündel häuften. Daraufhin schrieb er am 8. Juli 1940 an Reichsjustizminister Gürtner, um bei der ihm vorgesetzten Dienstbehörde Aufklärung und Rat zu erhalten. Die ihm vorliegenden Informationen ließen keinen Zweifel daran, dass hier Menschen ohne gesetzliche Grundlage getötet würden. Er habe als Vormundschaftsrichter für das Recht auf Leben der ihm Anvertrauten einzutreten. «Das will ich tun. Mir scheint auch, daß mir das niemand abnehmen kann.» (H/Th 628–631, hier: 631) Den Anstaltsleitungen seines Amtsbereichs untersagte Kreyssig, Patienten auszuliefern. Als ihm vom Reichsjustizministerium die Auskunft erteilt wurde, dass die Tötungsaktionen von Hitler selbst angeordnet und in der Verantwortung der «Kanzlei des Führers» ausgeführt würden, erstattete er Anzeige gegen Bouhler wegen Mordes.

Einen Tag später, am 9. Juli 1940, schrieb der Leiter der von Bodelschwinghschen Anstalten in Lobetal, Pastor Paul Gerhard

Braune, sein Wissen über die Mordaktion in einer für Hitler bestimmten Denkschrift nieder. In aller Deutlichkeit stellte er fest:

> Es handelt sich also hier um ein bewußtes planmäßiges Vorgehen zur
> Ausmerzung aller derer, die geisteskrank oder sonst gemeinschafts-
> unfähig sind. [...] So handelt es sich hier um einen Notstand, der alle
> Kundigen bis aufs tiefste erschüttert, der die innere Ruhe vieler Fa-
> milien zerstört und der sich vor allem auch zu einer Gefahr auszu-
> wachsen droht, deren Folgen noch gar nicht abzusehen sind.
> (KJ 404–406; H/Th 635–637)

Braune kam wie auch Wilm, der die «Euthanasie»-Maßnahmen
im Silvestergottesdienst 1941 kritisiert hatte, in Haft.

Von weitreichender Wirkung war der Protest, den Bischof
Wurm formulierte. Am 19. Juli 1940 schrieb er eine Petition an
Reichsinnenminister Frick, die durch Vervielfältigung schnell in
weiteren Kreisen bekannt wurde. Die Eingabe spricht die große
Unruhe in der Bevölkerung an, erläutert eindringlich den Ver-
stoß der Aktionen gegen Gottes Gebot und verweist auf den ek-
latanten Gegensatz zum sogenannten positiven Christentum, auf
dessen Boden zu stehen der «Führer» und die Partei vorgebe.

> Ich kann nur mit Grausen daran denken, daß so, wie begonnen
> wurde, fortgefahren wird. [...] Gott läßt sich nicht spotten. [...] Ent-
> weder erkennt auch der NS-Staat die Grenzen an, die ihm von Gott
> gesetzt sind, oder er begünstigt einen Sittenverfall, der auch den Ver-
> fall des Staates nach sich ziehen müßte. (KJ 399; H/Th 639)

Es blieb bei mutigen Stellungnahmen einzelner Vertreter der
evangelischen Kirche. Bekenntnissynoden oder Bruderräte protestierten nicht gegen die Tötungsaktionen im Rahmen der Aktion T4 1940/41. Erst im Jahr 1943 gelang es der Bekennenden
Kirche, ein klares Wort zur Geltung des fünften Gebotes zu for-
mulieren (s. unten S. 99).

Im Unterschied zur evangelischen Kirche konnten sich die katholischen Bischöfe zu einem gemeinsamen, öffentlichen Wort
des Protestes gegen die «Euthanasie»-Maßnahmen durchringen. Vor allem aufgrund der Haltung Kardinal Bertrams blieb

es in dem am 6. Juli 1941 in den katholischen Kirchen verlesenen Hirtenwort vom 26. Juni bei eher allgemeinen Formulierungen: «Nie, unter keinen Umständen, darf der Mensch [...] außerhalb des Krieges und der gerechten Notwehr, einen Unschuldigen töten.» (Akten V, 467) Der im Reichssicherheitshauptamt tätige ehemalige Priester Albert Hartl hat nach dem Krieg berichtet, dass in den Augen der Machthaber neben dem päpstlichen Nuntius Orsenigo insbesondere der Leiter des Kommissariats der deutschen Bischöfe, Titularbischof Heinrich Wienken, für die Aktionen Verständnis gezeigt hätte.

Einzelne Bischöfe jedoch verurteilten öffentlich in aller Klarheit die Morde. Erzbischof Gröber protestierte am 1. August 1940 beim Chef der Reichskanzlei, Reichsminister Lammers. Kardinal Bertram verbot am 11. August 1940 jede aktive Mitwirkung katholischer Pflegeanstalten am Abtransport geisteskranker Personen. Die Visitatorin der Barmherzigen Schwestern, Bertha Königsegg, wurde nach ihrem Protest beim Reichsverteidigungskommissar in Innsbruck verhaftet. Kardinal von Faulhaber legte in einem Schreiben vom 6. November 1940 dem aus Bayern stammenden Reichsjustizminister Gürtner seine Kritik dar und kündigte ein entsprechendes Wort der Bischöfe an (Volk II, 689–694). Am 9. März 1941 kritisierte der Berliner Bischof von Preysing in einer Predigt öffentlich die Morde.

Wir wissen, daß heutzutage Theorie und Praxis Ausnahmen aufstellen wollen von dem heiligen Recht des Unschuldigen auf Leben und auf Unversehrtheit. Man führt medizinische, man führt wirtschaftliche, man führt sogenannte eugenische Gründe an [...]. Daß keine irdische Macht, auch nicht der Staat, das Recht hat, Unschuldigen das Leben zu nehmen, beruht auf Gottes Gesetz. Dieses Gottesgesetz ist unwandelbar. (Schneider/Blet/Martini 133 Anm. 1; Denzler/Fabricius 142)

Schließlich verurteilten die deutschen Bischöfe in einem an die zuständigen Dienststellen übersandten Memorandum vom 12. Juli 1941 entschieden die Vernichtung angeblich «lebensunwerten Lebens» (vgl. Denzler/Fabricius 141).

Den wirksamsten und schnell weithin bekannten Protest sprach der Münsteraner Bischof von Galen in einer Predigt am 3. August 1941 aus. Schon zuvor hatte er in zwei Predigten die Klosterstürme scharf verurteilt, jetzt sprach er auch die Morde offen an und teilte mit, dass er Strafanzeige wegen tausendfachen Mordes an unschuldigen Menschen erstattet habe.

Wenn man den Grundsatz aufstellt und anwendet, daß man den «unproduktiven» Mitmenschen töten darf, dann wehe uns allen, wenn wir alt und altersschwach werden! Wenn man die unproduktiven Mitmenschen töten darf, dann wehe den Invaliden, die im Produktionsprozeß ihre Kraft, ihre gesunden Knochen eingesetzt, geopfert und eingebüßt haben! Wenn man die unproduktiven Mitmenschen gewaltsam beseitigen darf, dann wehe unseren braven Soldaten, die als Schwerkriegsverletzte, als Krüppel, als Invaliden in die Heimat zurückkehren! Wenn einmal zugegeben wird, daß Menschen das Recht haben, «unproduktive» Mitmenschen zu töten – und wenn es jetzt zunächst auch nur arme wehrlose Geisteskranke trifft –, dann ist grundsätzlich der Mord an allen unproduktiven Menschen, also an den unheilbar Kranken, den arbeitsunfähigen Krüppeln, den Invaliden der Arbeit und des Krieges, dann ist der Mord an uns allen, wenn wir alt und altersschwach sind und damit unproduktiv werden, freigegeben. [...] «Du sollst nicht töten!» Gott hat dieses Gebot in das Gewissen der Menschen geschrieben, längst ehe ein Strafgesetzbuch den Mord mit Strafe bedrohte, längst ehe Staatsanwaltschaft und Gericht den Mord verfolgten und ahndeten. Kain, der seinen Bruder Abel erschlug, war ein Mörder, lange bevor es Staaten und Gerichte gab. Und er bekannte, gedrängt von der Anklage seines Gewissens: «Größer ist meine Missetat, als daß ich Verzeihung finden könnte! [...] Jeder, der mich findet, wird mich, den Mörder, töten» (Genesis 4,13). (Löffler II, 878 f.; Gruber 446 f.)

Von Galens Predigten wurden rasch vervielfältigt und bald auch im Ausland bekannt. Die Bedeutung seines mutigen Auftretens wird schon daraus ersichtlich, dass kein Geringerer als Göring ihn einzuschüchtern suchte. Die Bedeutung lag aber auch darin, dass sich nun andere Bischöfe ermutigt sahen, die Mordaktionen ebenfalls anzuprangern. An Umsturzvorbereitungen Beteiligte wie der deutsche Botschafter in Rom, Ulrich von Hassell, haben von Galens Anklage genau wahrgenommen. Und schließlich haben seine aufsehenerregenden Predigten und die Strafanzeige vermutlich zum vorläufigen Ende der systematischen Tötung Behinderter und unheilbar Kranker wenige Wochen später beigetragen.

6. Judenverfolgung und Shoa

Die Kirche reagiert zögerlich

Judenfeindschaft und Antisemitismus waren von Anfang an ein zentraler Bestandteil der Weltanschauung Hitlers und der nationalsozialistischen Bewegung insgesamt (s. oben S. 12 f.). So war es konsequent, dass nur wenige Wochen nach der Machtübernahme am 1. April 1933 mit gewaltsamen Ausschreitungen verbundene, nur vermeintlich spontane Boykottaktionen gegen jüdische Mitbürger stattfanden. Eine Woche später verfügte ein Gesetz die Entlassung der Beamten jüdischer Herkunft. Mit den Nürnberger Rassegesetzen vom 15. September 1935 wurde unter anderem die Eheschließung und jeder außereheliche Geschlechtsverkehr mit Juden verboten. In der Nacht vom 9. auf den 10. November 1938 erreichte die Diskriminierung und Verfolgung der jüdischen Mitbürger und Mitbürgerinnen in den Pogromen der «Reichskristallnacht» einen vorläufigen Höhepunkt. Wiederum zentral gesteuert, kam es zu schweren Misshandlungen und zur Ermordung von ungefähr vierhundert Menschen (einschließlich der Selbsttötungen) sowie der Zerstörung fast aller Synagogen in Deutschland. Ausgangspunkt war die gezielt inszenierte Empörung über das Attentat des 17-jährigen polnischen Juden Herschel Grynszpan auf den Legationssekretär der deutschen Botschaft in Paris, Ernst Eduard vom Rath, gewesen. Schließlich begann im Jahre 1941 der systematisch geplante Abtransport der noch in Deutschland lebenden Menschen jüdischer Herkunft und der Juden in den besetzten Ländern in die Vernichtungslager. Am

Ende fiel der Shoa ein großer Teil des europäischen Judentums, wohl annähernd sechs Millionen Menschen, zum Opfer.

Die katholischen Bischöfe ließen zu keinem Zeitpunkt einen Zweifel daran, dass die Überhöhung der arischen Rasse und der damit verbundene Antisemitismus im Widerspruch zu zentralen Inhalten des christlichen Glaubens stünden. Ähnliches lässt sich für die Bekennende Kirche sagen. Jedoch haben weder die katholischen Bischöfe noch die Leitung der Bekennenden Kirche auf die Maßnahmen gegen die Juden mit einem unmittelbaren gemeinsamen und öffentlichen Protest reagiert. Auch die Enzyklika «Mit brennender Sorge» blieb bei ihrer Kritik an der Rassenideologie im Grundsätzlichen (s. oben S. 65 f.). Der Protest der Bekennenden Kirche war nur da laut und entschieden, wo es – wie bei der Gründung des Pfarrernotbundes 1933 – um die Maßnahmen gegen Christen bzw. Pfarrer jüdischer Herkunft ging (s. oben S. 36 f.). Hier wirkte sich zum einen eine grundsätzliche Zurückhaltung aus, ein Wächteramt in politischen Angelegenheiten auszuüben. Zum anderen war die mangelnde Einheit und Klarheit im Widerspruch gegen die Verfolgung und Ermordung der jüdischen Mitbürger auch Folge einer jahrhundertealten religiösen Abwertung des Judentums. Erst Papst Johannes XXIII. ließ 1959 die Bitte für «die treulosen, unredlichen, ungläubigen Juden» aus der Karfreitagsliturgie entfernen und dafür sorgen, dass die Juden nicht mehr für den Tod Jesu verantwortlich gemacht würden. In der evangelischen Kirche verstärkten Bezugnahmen auf die Ausfälle des späten Luther gegen das Judentum den traditionellen, religiös begründeten Antijudaismus. Nicht selten verband sich mit diesem eine Judenfeindschaft, die über religiöse Zusammenhänge hinaus kulturelle oder ökonomische Begründungen anführte. Hingegen konnte sich der vergleichsweise junge, rassisch begründete Antisemitismus unter den katholischen Bischöfen oder den Verantwortlichen der Bekennenden Kirche nicht ausbreiten.

Es dauerte bis in das Jahr 1943, dass eine Synode der Bekennenden Kirche und ebenso die katholischen Bischöfe insgesamt die Ermordung der Menschen jüdischer Herkunft in Erklärungen zur Geltung des fünften Gebotes verurteilten. Als im Jahre

1941 die ersten Deportationen bekannt wurden, setzte der Bruderrat der altpreußischen Bekenntniskirche einen Ausschuss ein, der eine synodale Erklärung zum fünften Gebot vorbereiten sollte. Die zwölfte altpreußische Bekenntnissynode vom 16./17. Oktober 1943 beschloss dann ein solches Wort, in dem unmissverständlich sowohl die Tötung aus «eugenischen» als auch aus rassischen Gründen angeprangert wurde.

> Begriffe wie «Ausmerzen», «Liquidieren» und «unwertes Leben» kennt die göttliche Ordnung nicht. Vernichtung von Menschen, lediglich weil sie Angehörige eines Verbrechers, alt oder geisteskrank sind, oder einer anderen Rasse angehören, ist keine Führung des Schwertes, das der Obrigkeit von Gott gegeben ist. (H/Th 666)

Die Synode beschloss ferner die Verlesung eines entsprechenden Wortes in den Gottesdiensten des folgenden Bußtages, das nicht weniger klar die Tötung von Menschen, weil sie einer anderen Rasse angehören, verurteilt. Es gab zwar Warnungen, dass ein solches Vorgehen «den Kopf kosten» würde, aber der Text wurde offensichtlich dennoch von vielen Kanzeln verlesen (vgl. Niesel 276 f.).

Der von Preysing und anderen Bischöfen seit langem gewünschte, jedoch von Bertram blockierte gemeinsame Hirtenbrief des Episkopats gegen die Verletzung des fünften Gebotes kam schließlich im August 1943 zustande (vgl. Leugers 274–289). Die Bischöfe verurteilten unmissverständlich Tötungen aus «eugenischen» oder rassischen Gründen:

> Tötung ist in sich schlecht, auch wenn sie angeblich im Interesse des Gemeinwohls verübt würde: An schuld- und wehrlosen Geistesschwachen und -kranken, an unheilbar Siechen und tödlich Verletzten, an erblich Belasteten und lebensuntüchtigen Neugeborenen, [...] an Menschen fremder Rassen und Abstammung. (Akten VI, 201; Gruber 492)

Mutige Worte Einzelner

Es waren lediglich Einzelne, die sofort nach den ersten Diskriminierungsmaßnahmen gegen die jüdischen Mitbürger protestierten und ein klares Wort der Kirche forderten. Der Dominikaner Franziskus Maria Stratmann schilderte am 10. April 1933, wenige Tage nach den Boykottaktionen (s. oben S. 31), Kardinal von Faulhaber «die grauenhaftesten Spuren der Mißhandlung» jüdischer Menschen, die er als Hausgeistlicher eines Krankenhauses zu sehen bekam. Die Personalpolitik und die Judenpolitik der neuen Machthaber trete

> jedes Rechtsgefühl mit Füßen. Eine barbarische, nie erlebte geistige und materielle Enteignung wird gegen Zehntausende Unschuldige, Wehr- und Rechtlose durchgeführt, und keine autoritative Stimme erhebt sich in der Öffentlichkeit dagegen. Man sagt: die Bischöfe haben gegen die Fürstenenteignung protestiert; warum schweigen sie zu dieser weit schlimmeren Enteignung? (Volk I, 710 f.; Gruber 56 f.)

Wenige Wochen später forderte der Generalpräses des Katholischen Jungmännerverbandes, Ludwig Wolker, die Bischöfe auf, die Kirche als «die starke Hüterin von Wahrheit, Freiheit und Recht» zu bewähren (Akten I, 192; Gruber 79).

In der evangelischen Kirche waren es ebenfalls nur Einzelne, die über die Christen und Pfarrer jüdischer Herkunft hinaus auch die Behandlung der Juden insgesamt in den Blick nahmen. So erwog Bonhoeffer bereits im April 1933 drei Möglichkeiten kirchlichen Handelns angesichts der Diskriminierung der Juden. Die Kirche habe den Staat nach der Legitimität seines Handelns zu fragen, den Opfern diakonische Hilfe zu leisten und drittens, wenn sie den Staat in seiner Funktion, Recht und Ordnung zu schaffen, versagen sieht, auch «unmittelbar politisch» zu handeln, das heißt «dem Rad selbst in die Speichen zu fallen». Ob dieser Fall gegeben sei, habe ein «evangelische[s] Konzil» zu entscheiden (vgl. DBW 12, 353 f.).

Im Jahre 1935 erstellte die Berliner Lehrerin und Kirchenvorsteherin Elisabeth Schmitz eine Denkschrift, in der sie eindringlich die Situation der Nichtarier in Deutschland schilderte (H/Th 377–385; vgl. Gailus). Ihr Ziel, den Text auf der dritten altpreußischen Bekenntnissynode am 23. bis 26. September 1935 in Berlin-Steglitz diskutieren zu lassen und die Bekennende Kirche zu einem Protest gegen die Judenverfolgung zu bewegen, erreichte sie jedoch nicht. Erst im darauffolgenden Jahr, im Mai 1936, ließ die 2. Vorläufige Kirchenleitung eine Denkschrift für Hitler erstellen, in der die Verabsolutierung der nationalsozialistischen Weltanschauung und zugleich auch der Antisemitismus verurteilt wurden.

> Wenn hier Blut, Volkstum, Rasse und Ehre den Rang von Ewigkeitswerten erhalten, wird der evangelische Christ durch das erste Gebot gezwungen, diese Bewertung abzulehnen. Wenn der arische Mensch verherrlicht wird, so bezeugt Gottes Wort die Sündhaftigkeit aller Menschen, wenn dem Christen im Rahmen der nationalsozialistischen Weltanschauung ein Antisemitismus aufgedrängt wird, der zum Juden*haß* verpflichtet, so steht für ihn dagegen das christliche Gebot der Nächstenliebe. (H/Th 344)

Ohne dass das geplant war, druckten die *Basler Nachrichten* die Denkschrift am 23. Juli 1936 ab. Einer der Autoren des Textes war der Leiter der Kirchenkanzlei der Vorläufigen Kirchenleitung, Friedrich Weißler. Am 7. Oktober 1936 verhaftete die Gestapo den Juristen, der als Christ jüdischer Herkunft bald nach der Machtübernahme 1933 seine Stelle als Landgerichtsdirektor in Magdeburg verloren hatte. Im Konzentrationslager Sachsenhausen wurde er schwer misshandelt und starb am 19. Februar 1937 an den Folgen.

Eine Woche nach den Pogromen vom 9./10. November 1938 verurteilte der württembergische Pfarrer Julius von Jan in seiner Bußtagspredigt am 16. November die Verfolgung der Juden mit scharfen Worten.

> Die Leidenschaften sind entfesselt, die Gebote Gottes mißachtet, Gotteshäuser, die andern heilig waren, sind ungestraft niedergebrannt worden [...]. Männer, die unserm deutschen Volk treu ge-

dient haben und ihre Pflicht gewissenhaft erfüllt haben, wurden ins KZ geworfen, bloß weil sie einer andern Rasse angehörten! [...] Irret euch nicht! Gott läßt seiner nicht spotten. Was der Mensch säet, das wird er auch ernten! (H/Th 485)

Von Jan bezahlte seine mutigen Worte mit schweren Misshandlungen durch SA-Männer, «Schutzhaft», Ausweisung aus Württemberg und Zuchthausstrafe.

In Berlin betete Dompropst Bernhard Lichtenberg nach den Novemberpogromen öffentlich für die Verfolgten. Im Oktober 1941 wurde er deshalb und wegen der Leitung des «Hilfswerks beim Bischöflichen Ordinariat» verhaftet. Diese Dienststelle hatte Bischof von Preysing geschaffen, um «nichtarischen» Christen sowie Juden auf der gesamten Reichsebene beizustehen. Das Hilfswerk hat in vielen Fällen bei der Auswanderung Unterstützung geben oder Betroffene vor dem Abtransport in die Vernichtungslager retten können. Am 22. Mai 1942 wurde Lichtenberg wegen «Kanzelmißbrauchs» und Vergehen gegen das Heimtückegesetz zu einer zweijährigen Haftstrafe – unter Anrechnung der Untersuchungshaft – verurteilt. Anstatt entlassen zu werden, kam er jedoch im Spätherbst 1943 in «Schutzhaft». Während des Transports in das Konzentrationslager Dachau starb der schwerkranke Geistliche am 5. November 1943.

Diakonische Hilfe für Christen jüdischer Herkunft hatte die Leiterin des evangelischen Bezirkswohlfahrtsamts Berlin-Zehlendorf, Marga Meusel, schon in einer Denkschrift vom 10. Mai 1935 gefordert (H/Th 372–376). Die umfassendste Hilfstätigkeit im Bereich der evangelischen Kirche baute Pfarrer Heinrich Grüber mit seiner Hilfsstelle, von der Gestapo «Büro Pfarrer Grüber» genannt, auf. Neben dem Verbergen Verfolgter ging es hier im Wesentlichen um Unterstützung bei der Auswanderung. Mit der Verhaftung Grübers am 19. Dezember 1940 und der Verbringung in das Konzentrationslager Sachsenhausen, später Dachau, war diese Hilfstätigkeit weitgehend beendet.

Neben der Unfähigkeit der Kirchenleitungen, früh und entschieden der Judenverfolgung entgegenzutreten, stehen somit Christen, die unter hohem persönlichen Risiko ihre Stimme erhoben und Nächstenliebe praktizierten. Der verbreiteten Ignoranz und Ängstlichkeit sind viele unbekannte Beispiele gelebter Hilfe von Christen entgegenzuhalten.

Pius XII. und die Judenvernichtung

Die Erörterung des Verhaltens der Kirchen angesichts von Judenverfolgung und Shoa hat sich vielfach auf die Bewertung der Rolle Papst Pius' XII. konzentriert. Vor seinem Pontifikat von 1939 bis 1958 wirkte Eugenio Pacelli als Nuntius in München und Berlin (1917–1929) sowie seit 1930 als Kardinalstaatssekretär im Vatikan. Schon in dieser Position trug er eine maßgebliche Verantwortung für die Haltung der Kurie gegenüber dem Dritten Reich. Nach dem Krieg hoch geachtet, wurde ihm im Mai 2007 im Zuge des Selig- und Heiligsprechungsprozesses der «heroische Tugendgrad» attestiert. In krassem Gegensatz zu dieser außerordentlichen Wertschätzung wird Pius XII. wegen vermeintlich zu großer Nachgiebigkeit gegenüber dem Nationalsozialismus und vor allem wegen seines Schweigens zur Verfolgung und Ermordung des europäischen Judentums scharf kritisiert. Insbesondere Rolf Hochhuths am 20. Februar 1963 uraufgeführtes, später auch verfilmtes Schauspiel *Der Stellvertreter* hat als Katalysator dieser Kritik gewirkt.

In jüngster Zeit und nicht zuletzt ermöglicht durch die Öffnung der vatikanischen Archive ist eine gewisse Versachlichung der Debatte angebahnt worden. Die zum Teil erfolgreichen Bemühungen Pius' XII., die nach der Besetzung Roms durch die Deutschen am 16. Oktober 1943 beginnende Deportation der Juden aus Rom zu verhindern, sind heute weitgehend rekonstruiert (vgl. Sánchez 60–67, 84–94). Auch sind die zumindest in den späteren Jahren denkbar geringen Spielräume des Papstes, mit öffentlichen Protesten positive Wirkungen zu erzielen, deutlicher geworden. So war es eine verstörende Erfahrung, dass der am 26. Juli 1942 erfolgte Protest der niederländischen Bischöfe gegen die Deportation der Juden den Terror noch verschärfte: Von nun an wurden auch die bis dahin verschonten Christen jüdischer Herkunft in die Vernichtungslager verbracht.

Für die Bewertung des Verhaltens von Papst Pius XII. müssen die frühen geistigen Prägungen, die heute besser zu erkennen sind, in Rechnung gestellt werden. So hat Hubert Wolf einleuchtend formuliert, dass Pacelli in seiner Fixierung auf die kommunistische Bedrohung 1933 bei Stalin, dem russischen Bolschewismus und seinen Ablegern und nicht bei Hitler die Hauptgefahr sah (vgl. Wolf 2009, 180). Die maßgeblich von Pacelli verantwortete Enzyklika «Mit brennender Sorge» stand in unmittelbarem Zusammenhang mit der fünf Tage später, am 19. März, erschienenen Enzyklika «Divini redemptoris». Diese verdammte den «atheistischen Sowjetkommunismus» und die Christenverfolgungen in Russland, aber auch diejenigen im Zusammenhang mit dem spanischen Bürgerkrieg, dem eine große Zahl von Priestern zum Opfer gefallen war.

Hier wird die zweite grundlegende Prägung Pacellis sichtbar. Die Schule der römischen Diplomatie, in der er groß geworden war, bestimmte schon seinen Wappenspruch «Opus iustitiae pax» (Das Werk der Gerechtigkeit heißt Friede). Der Beitrag zur Erhaltung des Friedens und die hierfür notwendige päpstliche Neutralität gehörten zu seinen ersten Prioritäten. Er sah sie auch deshalb als geboten an, weil der Vatikan durch die Lateranverträge mit dem faschistischen Italien zur außenpolitischen Neutralität verpflichtet war und die frisch gewonnene staatliche Souveränität des Vatikans nicht aufs Spiel gesetzt werden durfte. Pacelli hatte neben den Lateranverträgen von 1929 in den zwanziger Jahren noch weitere Konkordate ausgehandelt. Dementsprechend mahnte er unermüdlich die Geltung des Konkordates an und warnte die deutschen Bischöfe hier vor falschen Kompromissen, zugleich forderte er aber gerade um des Konkordats willen zur Staatsloyalität auf. Er selbst blieb in seinen Voten zurückhaltend, ermutigte indes Bischof von Preysing zu entschiedenen Stellungnahmen (vgl. Schneider/Blet/Martini 154–156, 30.9.1941). Auch die Sorge, dass bei einem päpstlichen Wort des Protestes unberechenbare Konsequenzen für die Kirche in Deutschland zu befürchten waren, dürfte hemmend gewirkt haben. Hier liegt wohl ein wesentlicher Grund dafür, dass er nach der Wahl zum Papst am 2. März 1939 die von seinem Vorgänger Pius XI. bereits weitgehend erarbeitete päpstliche Enzyklika gegen Rassismus und Antisemitismus nicht aufnahm und an die Öffentlichkeit brachte (vgl. Wolf 2009, 205–240). Die meisten, zum Teil verzweifelt niedergeschriebenen Hilfeersuchen von Menschen, die als Juden oder um ihrer jüdischen Herkunft willen verfolgt waren, ließ er unbeantwortet.

Es bleibt ein eigenartiger Widerspruch. Auf der einen Seite war Pius XII. ein Papst, der als Diplomat und Politiker unablässig in den Niederungen schwieriger Abwägung politischer Möglichkeiten problematische Kompromisse zu schließen hatte. Auf der anderen Seite betonte er wie kein anderer Papst der Moderne den Anspruch, Stellvertreter Christi auf Erden zu sein, und scheute sich auch nicht, auf seinen berühmten Vorgänger Bonifaz VIII. zu verweisen. Dieser hatte in der Bulle «Unam Sanctam» 1302 den allen weltlichen Gewalten übergeordneten Machtanspruch des Papsttums betont, war aber bereits kurze Zeit später in Folge der Nachstellungen des französischen Königs aus Rom vertrieben worden und verstorben.

7. Kirche und Widerstand

Formen der Auflehnung

«Beide christliche[n] Kirchen haben sich nahezu widerstandslos angepasst.» Mit diesen Worten hat Günter Grass in einer Rede vor Abiturienten im Jahr 2009 die Rolle der Kirchen im Zuge des Verfalls der Weimarer Republik und der Etablierung der nationalsozialistischen Diktatur beschrieben (Grass 63). Ein solches Urteil wird der Bandbreite kirchlichen Handelns zwischen Anpassung, Kooperation und Widerstand nicht gerecht. Schon die Zahl evangelischer Pfarrer und insbesondere katholischer Priester, die Opfer staatlicher Zwangsmaßnahmen wurden, widerspricht dem. Nach den Recherchen Ulrich von Hehls sind nicht weniger als 10315 katholische Weltpriester – und das heißt im Reichsdurchschnitt jeder zweite bis dritte – ein- oder mehrmals davon betroffen gewesen (vgl. v. Hehl/Kösters u. a. 79).

Die Verantwortlichen in der evangelischen wie in der katholischen Kirche wollten bewusst und ausdrücklich keinen politischen Widerstand leisten. Das galt mit Abstufungen bis in die letzten Kriegsjahre hinein. Ihr Handeln war nicht auf Umsturz ausgerichtet, sondern auf die Wahrung und Verteidigung kirchlichen Lebens und kirchlicher Lehre, in gewissem Umfang auch des christlich gebotenen allgemeinen Sittengesetzes. Bis in die letzten Jahre hinein betonte man vielfach die Loyalität gegenüber dem nationalsozialistischen Regime als von Gott gegebener Obrigkeit. Tatsächlich waren jedoch die beiden großen Kirchen diejenigen Institutionen und Bereiche der Gesellschaft, in denen der nationalsozialistischen Gleichschaltungspolitik der stärkste und ausdauerndste Widerstand begegnete. Das trifft für die katholische Kirche in noch stärkerem Maße zu als für die evangelische.

Im Einzelnen lassen sich sechs Grade an Widerständigkeit, die jeweils mit Phänomenen von Anpassung oder Kooperation verbunden waren, unterscheiden.

Erstens ging es bereits über die allgemeine Anpassung und Kooperation hinaus, wenn man sich in einzelnen Lebensbereichen der allumfassenden Indoktrination entzog. Das geschah in den Kirchen vielfach, indem man an eigenständigen kirchlichen Aktivitäten und christlichen Lebensformen, spezifischen Lehren und Lektüren festhielt. Die Machthaber registrierten solches Verhalten und bewerteten es als störend oder bedrohlich.

Zweitens gab es unter dem Bestand an Lehren und Lebensformen, die in den christlichen Kirchen gepflegt wurden, einiges, das offensichtlich im Widerspruch zur nationalsozialistischen Weltanschauung stand. Der christliche Schöpferglaube schloss eine Vergötzung von Rasse, Volk und Führer, die in pseudoreligiöser Weise öffentlich inszeniert wurde, aus. Die Orientierung an den Werten der Nächstenliebe und der Fürsorge für die Schwachen, wie sie in den biblischen Texten gepredigt und in der Geschichte der Kirche gepflegt wurde, war kaum mit einem biologistisch und rassistisch aufgeladenen Sozialdarwinismus zu vereinbaren. Nur in sehr kleinen Teilen des Katholizismus und in einem beschränkten Teil des Luthertums wurde dies mit spezifischen theologischen Theorien versucht (s. oben S. 51 f.). Die Machthaber und ihre die Kirchen beobachtenden Spitzel haben den weltanschaulichen Gegensatz vielfach früher und klarer benannt als die Verantwortlichen in den Kirchen.

Drittens zeigte sich in Milieus, in denen seit Jahrzehnten oder Jahrhunderten christliche Lehren und Lebensformen eingeübt und entsprechende institutionelle Verstetigungen ausgebildet worden waren, eine allgemeine Resistenz gegen Indoktrination und Inanspruchnahme durch den Nationalsozialismus. Hier ist vor allem die katholische Kirche mit einer weitgehend staatsunabhängigen Amtshierarchie, einem weitverzweigten Vereinswesen, das von Jugendgruppen bis hin zu Berufsverbänden reichte, sowie den Sozialformen des politischen Katholizismus zu nennen. Die Resistenz der katholischen Milieus zeigte sich in der signifikant geringeren Zahl von Wählern in der Anfangszeit des Dritten Reiches und fand ferner Ausdruck in der stark wachsenden Beteiligung an Wallfahrten, die als Demonstrationen gegen die nationalsozialistische Indoktrination verstanden werden mussten.

Viertens sind Akte konkreten Ungehorsams gegenüber staatlichen Gesetzen zu nennen, die unmittelbar gegen das Bekenntnis und die kirchliche Lebensordnung verstießen. Dazu gehören die Aktionen der Bekennenden Kirche gegen die Maßnahmen der deutschchristlichen Kirchenregierungen und der eingesetzten Staatskommissare. Auch der Kampf des Pfarrernotbundes gegen die Einführung des sogenannten Arierparagraphen in die evangelische Kirche fällt darunter. Die heftigen Proteste gegen die Absetzung der Bischöfe Meiser und Wurm in Bayern und Württemberg stellen herausragende Beispiele dar. Hier kam es zur offenen Konfrontation breiter Bevölkerungskreise mit der staatlichen Obrigkeit, welche dadurch gezwungen wurde zurückzuweichen. Die Strategie führender Nationalsozialisten sah vor, zuerst die evangelische Kirche in eine Nationalkirche umzuwandeln, bevor die als gefährlicher eingeschätzte katholische

Kirche bekämpft werden sollte. Bei all den erheblichen Einbrü-
chen, die den Nationalsozialisten mithilfe der Deutschen Christen und ihrer Sympathisanten in die evangelische Kirche gelan-
gen, blieb ein beträchtlicher Teil an Pfarrern und Gemeinden
doch standhaft. Weder Gewaltmaßnahmen noch ideologische
Verführung waren stark genug, um die bekenntnisorientierten
Kräfte zu vernichten.

Fünftens gab es zudem einzelne Aufrufe, im Sinne eines passiven Widerstands staatlichem Handeln gegenüber ungehorsam
zu sein, wenn dieses – unabhängig von Bekenntnis und Ordnung der Kirche – mit der Verletzung elementarer Gehalte des
Sittengesetzes oder Naturrechts verbunden war. Ein Beispiel für
solchen passiven Widerstand, auch wenn das Bekenntnis oder
das kirchliche Leben nicht unmittelbar betroffen waren, stellte
der Aufruf der katholischen Bischöfe im Januar 1934 dar, nicht
an der Durchführung des «Gesetzes zur Verhütung erbkranken
Nachwuchses» vom 14. Juli 1933 mitzuwirken (Gruber 148 f.;
s. oben S. 64). Vor allem sind hier die Proteste der Bischöfe,
Pfarrer und Gemeindeglieder gegen die Ermordung von Behinderten und unheilbar Kranken zu nennen. Und schließlich zäh-
len die späten, aber klaren Worte der katholischen Bischöfe sowie Bischof Wurms und der altpreußischen Bekenntnissynode
gegen rassisch motivierte Tötungen dazu.

Sechstens gab es ein aktiv widerständiges Handeln, das auf
Umsturz oder die Vorbereitung einer neuen Ordnung nach einem solchen zielte. Nur sehr wenige Verantwortliche der Kirche
haben diesen Schritt gewagt. Das herausragende Beispiel ist der
durch seinen Schwager Hans von Dohnanyi in das Zentrum der
frühen Verschwörung gegen Hitler gelangte Dietrich Bonhoeffer (vgl. Bethge 698–715; Tödt 170–216). Auch der Berliner
Bischof von Preysing hatte Kontakte zu führenden Mitgliedern
des Widerstandskreises um Helmuth James Graf von Moltke
und Peter Graf Yorck von Wartenburg. Der Provinzial des Jesuitenordens, Augustin Rösch, die Jesuiten Lothar König und Alfred
Delp sowie der evangelische Theologe Eugen Gerstenmaier
waren führende Mitglieder des Kreises, der nach dem Ort der
Treffen «Kreisauer Kreis» genannt wurde.

Der christliche Glaube als Antriebskraft

Auch wenn führende Vertreter der katholischen und evangelischen Kirche an den Umsturzvorbereitungen nicht beteiligt waren, hatten Kirche und Christentum eine konstitutive Bedeutung für den Widerstand gegen die nationalsozialistische Diktatur. In diesem Sinne schrieb der im Jahre 1938 emigrierte Historiker Hans Rothfels, dass die kirchliche Opposition den aktiven Widerstand «mit einem härteren Kern und einer schärferen Schneide» versehen habe, «als irgendeine äußere Revolte es hätte tun können» (Rothfels 92). Die zunehmende Beschäftigung mit dem christlichen Erbe und eine wachsende Bindung an die Kirche lassen sich bei zahlreichen Widerständlern nachweisen. Nicht nur die Abschiedsbriefe, sondern auch frühere Zeugnisse belegen einen intensivierten Zugang zu den christlichen Überlieferungen angesichts der Diktatur.

Dies trifft für die beiden Initiatoren des Kreisauer Kreises, Moltke und Yorck von Wartenburg, ebenso zu wie für Adam von Trott zu Solz, Fritz-Dietlof Graf von der Schulenburg oder Hans von Dohnanyi, aber auch für die älteren am Widerstand Beteiligten wie Ulrich von Hassell und Fritz Goerdeler. Graf von der Schulenburg, anfänglich leidenschaftlicher Befürworter des Nationalsozialismus, äußerte im Juni 1941 sogar die Absicht, nach dem Ausscheiden aus dem öffentlichen Dienst Pfarrer zu werden. In den Berichten, die der SS-Obergruppenführer Kaltenbrunner über die laufenden Vernehmungen der nach dem Attentat vom 20. Juli 1944 Verhafteten für Hitler anfertigen ließ, werden die starken religiösen Bindungen vielfach hervorgehoben. Bis in den «Gewerkschaftsklüngel» hinein sei ein großer Teil «konfessionell stark gebunden» (Jacobsen I, 233; vgl. Strohm 1997, 213).

Ein einzigartiges Dokument für die Rekonstruktion der verstärkten Hinwendung zum christlichen Glauben ist der zeitweise fast tägliche Briefwechsel Moltkes mit seiner Ehefrau Freya seit dem Jahre 1939. So werden zum Beispiel christliche Riten wie das Tischgebet neu entdeckt. Insbesondere auch ein intensiveres Eindringen in die Texte der Bibel, wie es für andere ebenfalls charakteristisch ist, wird hier sichtbar. So berichtet Moltke im März 1940, dass er nun in der Bibel mit mehr Freude als je zuvor lese.

> Früher waren das für mich im Grund Geschichten, zum mindesten das Alte Testament, heute aber ist mir all das Gegenwart. Es hat für mich eine ganz andere Spannung als je zuvor. (Moltke 2007, 126, 17.3.1940)

Die Bibel erscheint ihm «unheimlich aktuell» (ebd., 138, 26.5.1940), und er trifft sich mit Freunden zur gemeinsamen Bibelauslegung (vgl. ebd., 157, 19.7.1940). Im Herbst 1941 spricht er über den inneren Wandel, der sich bei ihm in den zurückliegenden Jahren eingestellt habe und den er «nur einer tieferen Erkenntnis christlicher Grundsätze zuzuschreiben» vermochte (ebd., 300, 11.10.1941). In den letzten Briefen aus der Haft stellte Moltke den Gegensatz von Nationalsozialismus und Christentum als bestimmend für seinen Weg in den Widerstand dar und verstand sich ausdrücklich als Märtyrer des christlichen Glaubens (vgl. Moltke 2007, 619–621, 10.1.1945, u. 621–626, 11.1.1945; vgl. auch ebd., 50 Anm. 149).

Um die Relevanz solcher intensivierter Zugänge zum christlichen Glauben für den Weg in den Widerstand zu erfassen, ist der Kontext zu klären, in dem verstärkt auf christliches Gedankengut zurückgegriffen wird. Insbesondere drei Themen und Frontstellungen lassen sich dabei herausarbeiten (vgl. Strohm 1997, 225–231): zum einen das Problem der Mitschuld angesichts der wahrgenommenen Verbrechen, aber auch der eigenen Schuld durch die Mitwirkung an Attentatsvorbereitungen; zum anderen der als problematisch wahrgenommene Zusammenhang von Säkularisierung und Pseudoreligion; zum dritten das Problem der (notwendigen) Begründung von Recht und Moral.

Das Bewusstsein eines kaum je da gewesenen dramatischen Verfalls der Moral führte zu der Auffassung, dass angesichts der zukünftigen ethischen Herausforderungen etablierte Traditionen, der öffentliche Diskurs und auch die eingeübte Vernünftigkeit für eine tragfähige öffentliche und individuelle Ethik nicht ausreichten, oder wie Bonhoeffer das ausdrückte, dass säkulare Werte wie «Vernunft, Bildung, Humanität, Toleranz» im Bereich der Kirche Zuflucht suchten (vgl. DBW 6, 343 f.).

Zumal die älteren Angehörigen des Widerstandes gehen ganz selbstverständlich davon aus, dass Grundwerte wie Wahrhaftigkeit, Respekt vor dem anderen Menschen und Nächstenliebe ohne Alternative und nicht anders als in der Erneuerung des christlichen Glaubens zu begründen sind. In einem Staatsgrundgesetzentwurf, der im Umkreis von Hassells entstand, heißt es lapidar: «Christentum und christliche Gesittung bilden, wie seit Jahrhunderten, eine unersetzbare Grundlage deutschen Lebens.» (Die Hassell-Tagebücher, 455)

In allen Planungen für eine zukünftige Ordnung kommt darum dem Religionsunterricht als einer Möglichkeit, die Grundlagen moralischen Handelns auszubilden, eine wichtige Rolle zu (vgl. z. B. Carl Goerdeler). Selbst bei den aus der Sozialdemokratie und der Gewerkschaftsbewegung stammenden Angehörigen des Kreisauer Kreises wie Carlo Mierendorff, Adolf Reichwein und Theodor Haubach findet sich die Überzeugung von der Notwendigkeit einer christlich-religiösen Fundierung der Moral.

Epilog

«Der 8. Mai war ein Tag der Befreiung. Er hat uns alle befreit von dem menschenverachtenden System der nationalsozialistischen Gewaltherrschaft.» Die Worte, die der damalige Bundespräsident Richard von Weizsäcker zum vierzigsten Jahrestag des Kriegsendes am 8. Mai 1985 sprach, wären in der unmittelbaren Nachkriegszeit keineswegs konsensfähig gewesen. Repräsentativ war damals vielmehr die Wahrnehmung, dass sich in der bedingungslosen Kapitulation die «deutsche Tragödie» vollendet habe, wie das Bischof Meiser am 7. Mai 1945 in einem Rundschreiben an alle Pfarrer der Evangelisch-Lutherischen Kirche in Bayern zum Ausdruck gebracht hatte (zit. in: Vollnhals 21). Von dem über-

wiegenden Teil der Christen wie der Bevölkerung insgesamt war
die endgültige Niederlage des Deutschen Reiches am 8. Mai 1945
keineswegs als Befreiung empfunden worden.

In der unmittelbaren Nachkriegszeit standen elementare Fragen des Überlebens im Vordergrund. Viele Menschen waren
von den Folgen massiver Bombardements, Vertreibung oder
dem Verlust der nächsten Angehörigen betroffen. In dieser Situation, in der sich die Wahrnehmung, Opfer zu sein, in den Vordergrund schob, war es sogar schwierig, unter Christen Zustimmung zu einem Bekenntnis der Schuld angesichts des eigenen
Versagens in den Jahren der nationalsozialistischen Gewaltherrschaft zu finden. Die Worte, die vom Rat der Evangelischen Kirche in Deutschland bei seiner Sitzung am 18./19. Oktober 1945
in Stuttgart gegenüber den Vertretern der Ökumene gesprochen
wurden, waren durchaus umstritten.

> Mit großem Schmerz sagen wir: Durch uns ist unendliches Leid über
> viele Völker und Länder gebracht worden. Was wir unseren Gemein-
> den oft bezeugt haben, das sprechen wir jetzt im Namen der ganzen
> Kirche aus: Wohl haben wir lange Jahre hindurch im Namen Jesu
> Christi gegen den Geist gekämpft, der im nationalsozialistischen Ge-
> waltregiment seinen furchtbaren Ausdruck gefunden hat; aber wir
> klagen uns an, daß wir nicht mutiger bekannt, nicht treuer gebetet,
> nicht fröhlicher geglaubt und nicht brennender geliebt haben.
> (H/Th 759)

Zuvor hatten die katholischen Bischöfe bereits in einem Hirtenwort vom 23. August 1945 zurückhaltend von der Schuld auch
ihre Kirche betreffend gesprochen:

> Furchtbares ist schon vor dem Kriege in Deutschland und während
> des Krieges durch Deutsche in den besetzten Ländern geschehen. Wir
> beklagen es zutiefst. Viele Deutsche, auch aus unseren Reihen, haben
> sich von den falschen Lehren des Nationalsozialismus betören las-
> sen, sind bei den Verbrechen gegen menschliche Freiheit und mensch-
> liche Würde gleichgültig geblieben; viele leisteten durch ihre Haltung
> den Verbrechen Vorschub, viele sind selber Verbrecher geworden.
> Schwere Verantwortung trifft jene, die auf Grund ihrer Stellung wis-
> sen konnten, was bei uns vorging, die durch ihren Einfluß solche

Verbrechen hätten hindern können und es nicht getan haben, ja diese Verbrechen ermöglicht und sich dadurch mit den Verbrechern solidarisch erklärt haben. (Akten VI, 689 f.; Gruber 507 f.)

«Die Schuld der Kirche» ist in den letzten Jahrzehnten vielfach diskutiert und zum Ausdruck gebracht worden, im Bereich der evangelischen stärker als in der katholischen Kirche. Das erscheint angesichts des Unfassbaren, das geschehen ist, angemessen. Die herausgehobene Verantwortung der Bischöfe und auch das gerade im katholischen Episkopat herausgestellte, dem Irdischen entrückte Amtsverständnis laden dazu ein, sich auf die Defizite bischöflichen Handelns zu konzentrieren. Sachgemäß ist es jedoch, die hier mehr oder weniger genutzten Handlungsspielräume mit denen der Verantwortlichen in anderen gesellschaftlichen Bereichen zu vergleichen. So ist gerade in jüngerer Zeit verstärkt über die Möglichkeiten der Verantwortlichen in der Wirtschaft, sich den Zwängen der nationalsozialistischen Politik zu entziehen, diskutiert worden (vgl. Frei). Im Blick auf den Bereich der Justiz zeigt insbesondere der frühe Kirchenkampf, dass Richter durchaus Spielräume hatten, der nationalsozialistischen Perversion des Rechts entgegenzuwirken (s. oben S. 40, 43 u. 60 f.). Der Vormundschaftsrichter Lothar Kreyssig, der sich als Jurist auch für kirchenleitende Ämter der evangelischen Kirche zur Verfügung stellte, blieb mit seinem konsequenten Widerspruch gegen die Tötung der ihm anvertrauten Mündel eine sehr seltene Ausnahme (s. oben S. 93). Im Vergleich zu den für das Recht Verantwortlichen haben sich die Bischöfe der katholischen und der Bekennenden Kirche insgesamt gesehen doch als deutlich konfliktfähiger und mutiger erwiesen.

Gleichwohl muss gefragt werden, warum die Verantwortlichen in der Kirche nicht zu klareren Worten bzw. Taten des Widerstands gegen die Ausbreitung einer menschenfeindlichen Ideologie, die Aufrichtung einer Willkür- und Gewaltherrschaft sowie die Durchführung einer Ausrottungspolitik ungekannten Ausmaßes fanden. Welche Ursachen lassen sich dafür benennen, dass oft genug Anpassung und Kooperation die Widerstandsbereitschaft minderten oder lähmten? Im Blick auf die evangelische Kirche ist zuerst die traditionelle mentale und institutionelle Staatsnähe zu nennen. Seit alters war man es gewohnt, dass der Landesherr die Leitung und Administration der Kirche innehatte. Gerade aufgrund der Identifizierung mit dem preußisch-protestantisch dominierten Kaiserreich war die Niederlage im Ersten Weltkrieg als besonders schmerzlich erlebt worden. In der Folge konnte sich der völkische Zeitgeist vielfach ungehindert ausbreiten (s. oben S. 10 f.). Diese institutionelle und mentale Disposition gehört zu den wichtigsten Ursachen für Anpassung im Bereich des Protestantismus, wo Distanz und Widerstand notwendig gewesen wären.

Hier liegt auch die Erklärung, warum der Führerkult im Bereich der evangelischen Kirche eine erhebliche Wirkung entfalten konnte. Im Blick auf andere Aspekte der nationalsozialistischen Ideologie und Politik wie insbesondere die Verherrlichung der arischen Rasse und die Abwertung des Judentums gab es durchaus Vorbehalte. Die Verehrung des «von Gott gesandten» Führers kannte jedoch kaum Grenzen. Inmitten des Kampfes gegen die deutschchristliche Zerstörung der evangelischen Kirche, am 15. Oktober 1933, sandte Martin Niemöller seinem «Führer», der gerade den Austritt aus dem Völkerbund erklärt hatte, Grüße und Dank für seine «mannhafte Tat» (JK 1, 1933, 252). Hitler gelang es auch in den folgenden Jahren, durch geschickte Verstellung und zum rechten Zeitpunkt kommende, moderierende Eingriffe in die Kirchenpolitik das Bild einer um die Kirche besorgten Obrigkeit aufrechtzuerhalten. Die Förderung einer quasireligiösen Führerverehrung und die Selbstinszenierung als für das Ganze verantwortlicher Staatsmann können in ihrer Bedeutung für den Kirchenkampf kaum überschätzt werden. Das kann als Indiz für die Bedeutung der Person Hitlers beim Aufstieg und der Herrschaft des Nationalsozialismus insgesamt gewertet werden (s. oben S. 9 f.).

In der katholischen Kirche war die Empfänglichkeit für die Führerverehrung kaum weniger verbreitet. Zugleich zeigen sich charakteristische Unterschiede im Vergleich zur evangelischen Kirche. Katholische Milieus behielten trotz der Rücknahme der Verurteilung des Nationalsozialismus durch die Bischöfe im

März 1933 (s. oben S. 22 f.) eine vergleichsweise große Resistenzkraft. Daneben waren die Bischöfe in ihrem Kampf um die Aufrechterhaltung des Konkordates dauernd bemüht, ihre Staatsloyalität zu beweisen. Konrad Repgens Urteil, das Konkordat sei «die vertragsrechtliche Form der Nicht-Anpassung der katholischen Kirche» an das Dritte Reich gewesen (Repgen 533), ist zwar richtig, aber eben nur die eine Hälfte der Wahrheit. Auf den ersten Blick scheint die starke Traditionsgebundenheit der katholischen Kirche der entscheidende Schutzschild gegen den Anpassungsdruck des totalen Staates gewesen zu sein. Dieses Urteil drängt sich im Vergleich zur stärkeren Zeitgeistnähe der evangelischen Kirche auf.

Hierbei ist jedoch zu differenzieren. Zwar lassen sich Theologen wie der Kirchenhistoriker Joseph Lortz oder der Dogmatiker Michael Schmaus nennen, die als «moderne» Theologen besonders anfällig für die Übernahme nationalsozialistischen Gedankenguts gewesen sind. Zugleich waren es aber gerade ein tiefsitzender Antimodernismus und Antiliberalismus, eine antidemokratisch-monarchistische Grundhaltung und grundsätzliche Vorbehalte gegen die verantwortliche Mitwirkung von Laien in der Kirche, die Führerglauben und Obrigkeitshörigkeit beförderten und ein klareres Wort verhinderten. Das lässt sich besonders deutlich an Kardinal von Faulhaber beobachten. Dieser bezog entschieden gegen einzelne Aspekte der nationalsozialistischen Ideologie und Praxis Stellung, zeigte aber bis in die letzten Jahre des Dritten Reiches eine erstaunliche Führerverehrung. Ähnliches gilt für Kardinal Bertram, der mit seiner vielfachen Verzögerung, Verhinderung oder Abschwächung klarer Voten der Bischöfe eine verhängnisvolle Rolle spielte. Bis zuletzt handelte er – dem Phänomen einer modernen christentumsfeindlichen Diktatur unangemessen – ganz im Banne traditioneller Diplomatie und Eingabenpolitik. An ihm, der bei Kriegsbeginn 80 Jahre alt war, zeigt sich auch das Strukturproblem einer Überalterung des führenden Klerus. Die deutlich Jüngeren wie der bei der Bischofsernennung 1932 52-jährige Graf von Preysing oder der seit 1942 als Kölner Erzbischof wirkende Josef Frings gingen signifikant anders vor.

Ferner war die vorkonziliare Mentalität, nach der in der Kirche nicht die Laien, sondern die Bischöfe bzw. Priester zu handeln hätten, dabei hinderlich, das vorhandene Widerstandspotential auszuschöpfen (vgl. Kißener 176). Auch wenn die Zusammenhänge nur schwer nachzuweisen sind, bleibt festzuhalten, dass diejenigen Teile des politischen Katholizismus und des damit verbundenen Verbandswesens, die in der Zeit der Weimarer Republik die Spielregeln demokratischer Auseinandersetzung eingeübt hatten, am widerstandskräftigsten waren und entsprechend von den Machthabern am schärfsten verfolgt wurden.

Schließlich ist auffällig, dass sich bei denen, die schon früh und entschieden klare Worte des Widerspruchs formulierten, verstärkt eine ökumenische Offenheit nachweisen lässt. Bereits kurz nach Ostern 1934 sprach der Bonner Philosophieprofessor Alois Dempf in einer Schrift mit dem Titel *Die Glaubensnot der deutschen Katholiken* hellsichtig davon, dass die nationalsozialistische Weltanschauung zu einer förmlichen Ersatzreligion werde, die den ganzen Menschen für sich fordere, und verwies auf «unsere christlichen Brüder, die Lutheraner und Calviner, die schon seit einem Jahr in einer schweren Entscheidung stehen.» (zit. in: Scholder II, 252) Waldemar Gurian und Otto Knab würdigten in den von ihnen 1934 bis 1938 herausgegebenen *Deutschen Briefen* den evangelischen Kirchenkampf (vgl. ebd., 255). Hier stand die Verbundenheit von evangelischer und katholischer Kirche im gemeinsamen Abwehrkampf eindeutig im Vordergrund. Auch Bischof von Preysing äußerte ausdrücklich seinen Respekt vor evangelischen Pfarrern, die wegen ihres Widerstands in Haft waren (vgl. Adolph 193). Der Ausschuss für Ordensangelegenheiten hatte ebenfalls die bedrängten evangelischen Christen vor Augen (vgl. Denzler/Fabricius 116). Die im Kreisauer Widerstandskreis Engagierten arbeiteten in geradezu selbstverständlicher ökumenischer Gemeinschaft.

Für die evangelische Kirche war eine große Pluralität an Modellen der Kirchenordnung und -leitung charakteristisch. Lassen sich hier Feststellungen über das jeweilige Widerstandspotential treffen? Von der dem Erbe der Bekennenden Kirche verpflichteten Geschichtsschreibung wurde die Kontinuität von offenbarungstheologischer Neuorientierung der Theologie im Gefolge Barths und politischem Widerstand betont (Wilhelm Niemöller, Ernst Wolf, Max Geiger, Heinz Eduard Tödt, Klaus Scholder). Die gegen die Ausbreitung völkischer Religiosität im Bereich der Kirche gerichtete Barmer Theologische Erklärung von 1934 wird als ein erster Schritt hin zu einem politisch relevanten Widerstand gewertet. Auch wenn hier kein politischer Widerstand intendiert war, hat die Barmer Theologische Erklärung mit ihren klaren Verurteilungen deutschchristlicher Irrlehren doch so gewirkt und ist auch entsprechend wahrgenommen worden. Dagegen haben andere geurteilt, dass die Orientierung an Barths theologischem Neuaufbruch die Beschränkung auf den Kampf um die reine Lehre und die rechte Ordnung der Kirche förderte und so gerade nicht zu einem politischen Widerstand führte (Kurt Meier, Kurt Nowak). Barths Konzentration auf die geistlich-theologische Auseinandersetzung mit den fundamentalen Irrlehren habe ein Wort zugunsten der verfolgten Juden erschwert oder geradezu verhindert. Hier wird das Widerstandspotential der volkskirchlichen Milieus betont, und die politischen Konsequenzen der offenbarungstheologisch, am Bekenntnis orientierten Richtungen werden eher gering eingeschätzt.

Die frühen Proteste gegen die Verfolgung der Juden und die Zerstörung des liberalen Rechtsstaats, die im Milieu des liberalen Protestantismus formuliert wurden, sind von der am dahlemitischen Flügel der Bekennenden Kirche orientierten Geschichtsschreibung lange unterbewertet worden. Genannt sei nur der Heidelberger Pfarrer Hermann Maas, der von 1933 bis zu seiner Verschickung als Zwangsarbeiter im September 1943 auf vielfältige Weise für Menschen jüdischer Herkunft eintrat und auch an der Gründung der Hilfsstelle Grübers beteiligt war (weitere Beispiele bei: Graf 155–164. 172 f.). Zudem ist festzustellen, dass der größte Teil derer, die an Umsturzversuchen oder Planungen für eine Neuordnung beteiligt waren, keinen Anteil am Kampf der Bekennenden Kirche oder gar deren dahlemitischen Flügels hatte. Im Gegenteil, die meisten kamen aus klassischen volkskirchlichen Verhältnissen ohne Neigung und Nähe zu bekenntnisorientierten Richtungen. Vielfach verdichteten sich eher lockere christliche Bindungen erst relativ spät zu einem ausdrücklicheren und bewussteren christlichen Glauben (vgl. Strohm 1997, 218-225). Hier liegt das bleibende Recht der von den Bischöfen der «intakten» lutherischen Kirchen gegen den «dahlemitischen» Flügel der Bekennenden Kirche vertretenen Position. Die lutherische, von der Wortverkündigung her verstandene Kirche hatte Volkskirche zu sein, da das allem Volk das Wort verkündende Predigtamt und nicht die in den Synoden und Bruderräten manifeste bekennende Gemeinschaft der Glaubenden im Zentrum stand.

Freilich ist damit nur *ein Teil* der Antwort gegeben. Die meisten der aus volkskirchlichen Milieus kommenden Männer und Frauen des Widerstands haben den Kirchenkampf sehr genau beobachtet, auch wenn sie nicht selbst daran beteiligt waren. Für ihren neuen Zugang zur Kirche ist die gleichsam von außen erfolgte Wahrnehmung der Bekennenden Kirche und des Kirchenkampfes von zentraler Bedeutung. Die Erfahrung, dass die staatliche Gleichschaltungspolitik im Bereich der Kirchen nicht zum Ziel kam und die nationalsozialistische Ideologie den innersten Kern christlichen Glaubens nicht verderben konnte, hat zu ihrer neuen Hinwendung zum Christentum geführt. Darum ist die umstrittene Frage, ob der auf politische Veränderung oder gar Umsturz ausgerichtete Widerstand von Christen eher von volkskirchlichen oder eher von bekenntnisorientierten Voraussetzungen herkam, im Sinne eines *komplementären Modells* zu beantworten. Für das Wirksamwerden eines wesentlich christlich begründeten Widerstandes ist das komplementäre Verhältnis von volkskirchlichen und bekenntnisorientierten Horizonten entscheidend. Letztere ohne die ersteren neigten vielfach zu der unpolitischen Beschränkung auf den Raum der Kirche, einem leicht zu gegenseitiger Verketzerung führenden Kampf um die rechte Lehre und das unversehrte kirchliche Leben. Volkskirchlich-liberale Grundhaltungen hingegen lernten an den bekenntnisorientierten Ausrichtungen die Widerstandskraft christlicher Traditionen gegen Ideologie und Gewaltherrschaft schätzen. Hier wären viele, im Einzelnen sehr verschiedene Geschichten zu erzählen. Sie sollten nicht durch das Ausmaß an Verblendung, die Brutalität der Gewaltherrschaft und das Unfassbare der geschehenen Verbrechen aus dem Blick geraten.

Zeittafel

	11.6.	«Ansbacher Ratschlag» lutherischer Theologen
	19./20.10.	2. Reichsbekenntnissynode der DEK in Berlin-Dahlem mit Erklärung des Notrechts
	22.11.	Bildung der 1. Vorläufigen Kirchenleitung
1935	4.–6.6.	3. Reichsbekenntnissynode der DEK in Augsburg
	16.7.	Einsetzung Hanns Kerrls als Reichsminister für die kirchlichen Angelegenheiten
	15.9.	Nürnberger Rassegesetze
	24.9.	Gesetz zur Sicherung der DEK (mit zahlreichen Durchführungsverordnungen)
	3.10.	Bildung des Reichskirchenausschusses unter der Leitung von Wilhelm Zoellner
1936	17.–22.2.	4. Reichsbekenntnissynode der DEK in Bad Oeynhausen und Bildung der 2. Vorläufigen Kirchenleitung
	11./18.3.	Gründung des Rates der Evangelisch-Lutherischen Kirche Deutschlands
	Mai	Denkschrift der 2. Vorläufigen Kirchenleitung für Hitler
1937	12.2.	Rücktritt des Reichskirchenausschusses
	21.3.	Verlesung der Enzyklika Papst Pius' XI. «Mit brennender Sorge»
	1.7.	Verhaftung Martin Niemöllers
	September	Ernennung Friedrich Werners zum Präsidenten des Oberkirchenrates der ApU und Leiter der Kanzlei der DEK
1938	20.4.	Anweisung an alle Pfarrer der ApU, einen Treueid auf Hitler zu leisten
	9./10.11.	Reichsweite Judenpogrome in Deutschland
1939	2.3.	Wahl Eugenio Pacellis zum Papst (Pius XII.)
	26.3.	«Godesberger Erklärung» nationalkirchlich gesinnter Kreise
	18.7.	Ermordung Paul Schneiders im KZ Buchenwald
	1.9.	Überfall auf Polen, Beginn des Zweiten Weltkriegs
	Oktober	Beginn der Vorbereitungen zur systematischen Tötung sog. «lebensunwerten Lebens»
1940	14.3.	Anordnung zur Behandlung der Kirchen als Religionsvereine im Reichsgau Wartheland
	10.4.	Glückwunschtelegramm Kardinal Bertrams an Hitler

	10.5.	Beginn der West-Offensive
	8./9.7.	Brief des Juristen Lothar Kreyssig an den Reichsjustizminister und Denkschrift Pfarrer Paul G. Braunes gegen die Tötung sog. «lebensunwerten Lebens»
	19.7.	Protest Bischof Wurms
	August	Proteste mehrerer kath. Bischöfe
1941	22.6.	Beginn des Krieges gegen die Sowjetunion
	6.7.	Verlesung eines Hirtenbriefs der Bischöfe gegen die «Euthanasie»-Maßnahmen
	12.7.	Memorandum der kath. Bischöfe in derselben Sache
	3.8.	Wirkungsreiche Predigt Bischof von Galens gegen die «Euthanasie»-Maßnahmen
	November	Einigung der kath. Bischöfe auf ein Hirtenwort gegen die Verletzung elementarer Rechtsgrundsätze (nicht verlesen)
	Ende	Beginn der Bemühungen Bischof Wurms um eine Einigung der Evangelischen Kirche («Kirchliches Einigungswerk»)
1942	20.1.	Wannsee-Konferenz zur Koordinierung der Maßnahmen zur «Endlösung der Judenfrage»
	22.5.	Verurteilung Dompropst Bernhard Lichtenbergs wegen «Kanzelmißbrauchs» und Vergehen gegen das Heimtückegesetz
1943	16./17.10.	Erklärung der 12. Bekenntnissynode der ApU zum fünften Gebot
	August	Hirtenbrief der kath. Bischöfe gegen die Verletzung des fünften Gebots
1944	20.7.	Attentat auf Hitler
1945	23.8.	Hirtenwort kath. Bischöfe zur Schuldfrage
	18./19.10.	Stuttgarter Schuldbekenntnis des Rates der EKD

Literaturhinweise

Quellen

Adolph, W.: Geheime Aufzeichnungen aus dem nationalsozialistischen Kirchenkampf. 1935–1943, bearb. v. U. v. Hehl, 1979; ⁴1987.

AGK = Arbeiten zur Geschichte des Kirchenkampfes, 1955–1984.

Akten I–VI: Akten deutscher Bischöfe über die Lage der Kirche 1933–1945, Bd. I: 1933–1934; Bd. II: 1934–1935; Bd. III: 1935–1936, bearb. v. Bernhard Stasiewski; Bd. IV: 1936–1939; Bd. V: 1940–1942; Bd. VI: 1943–1945, bearb. v. Ludwig Volk, 1968–1985.

AKZG = Arbeiten zur Kirchlichen Zeitgeschichte, 1975ff.

Barth, K.: Theologische Existenz heute!, 1933; 1980.

Chamberlain, H. S.: Die Grundlagen des 19. Jahrhunderts, 1899; ¹⁷1913; ²⁷1941.

DBW = Dietrich Bonhoeffer Werke, hg. v. E. Bethge u. a., 17 Bde., 1986–1999.

Deutsche Briefe 1934–1938. Ein Blatt der katholischen Emigration, 2 Bde., hg. v. H. Hürten, 1969.

Dibelius, O.: Das Jahrhundert der Kirche. Geschichte, Betrachtung, Umschau und Ziele, 1926; ⁵1928.

Dokumente I–V = Dokumente zur Kirchenpolitik des Dritten Reiches, Bd. I–V, bearb. v. C. Nicolaisen/G. Grünzinger, 1971–2008.

Domarus, M.: Hitler, Reden und Proklamationen. 1932–1945, kommentiert von einem deutschen Zeitgenossen, Bd. I: Triumph, 1. Halbbd. 1932–1934, 1965.

Gruber, H. (Hg.): Katholische Kirche und Nationalsozialismus 1930–1945. Ein Bericht in Quellen, 2006.

Die Hassell-Tagebücher 1938–1944. Aufzeichnungen vom Andern Deutschland. Nach der Handschrift revidiert und erweitert hg. v. F. Frh. Hiller von Gaertringen, unter Mitarb. v. K. P. Reiß, 1988; Neuausg. 1994.

H/Th = Hermle, S./J. Thierfelder (Hg.): Herausgefordert. Dokumente zur Geschichte der Evangelischen Kirche in der Zeit des Nationalsozialismus, 2008.

Hitler, A.: Mein Kampf, 2 Bde. in 1 Bd., ²⁵1933.

Jacobsen, H.-A. (Hg.): «Spiegelbild einer Verschwörung», 2 Bde., 1984; 1989.

JK = Junge Kirche. Halbmonatsschrift für reformatorisches Christentum, hg. v. H. Lilje, 1 (1933) – 9 (1941).

Jochmann, W. (Hg.): Adolf Hitler. Monologe im Führerhauptquartier 1941–1944. Die Aufzeichnungen Heinrich Heims, 1980.

KJ = Kirchliches Jahrbuch für die evangelische Kirche in Deutschland, 60.–71. Jg., 1933–1944, begr. v. J. Schneider, hg. v. J. Beckmann, 1948; ²1976.

Künneth, W.: Antwort auf den Mythus. Die Entscheidung zwischen dem nordischen Mythus und dem biblischen Christus, 1935; ⁴1936.

Löffler, P. (Bearb.): Bischof Clemens August Graf von Galen. Akten, Briefe und Predigten 1933–1946, 2 Bde., 1988.

Moltke, H. J. v.: Briefe an Freya. 1939–1945, hg. v. B. Ruhm von Oppen, 1988; 2007.

–: Im Land der Gottlosen. Tagebuch und Briefe aus der Haft 1944/45, hg. v. G. Brakelmann, 2009.

Niemöller, G. (Hg.): Die erste Bekenntnissynode der Deutschen Evangelischen Kirche zu Barmen, Bd. II: Text – Dokumente – Berichte, 1959.

Norden, G. van: Der deutsche Protestantismus im Jahr der nationalsozialistischen Machtergreifung, 1979.

Pacelli, E.: Kritische Edition der Nuntiaturberichte 1917–1929, hg. v. H. Wolf u. a., 2010 ff., http://www.pacelli-edition.de/quellen_dokumente.html [31.3.2010].

Rosenberg, A.: Der Mythus des 20. Jahrhunderts. Eine Wertung der seelisch-geistigen Gestaltenkämpfe unserer Zeit, 1930; [13]1944.

Schäfer, G. (Hg.): Die evangelische Landeskirche in Württemberg und der Nationalsozialismus. Eine Dokumentation zum Kirchenkampf, 6 Bde., 1971–1986.

Schmidt, K. D. (Hg.): Die Bekenntnisse und grundsätzlichen Äußerungen zur Kirchenfrage des Jahres 1933, 1934; Bd. II: Das Jahr 1934, 1935; Bd. III: Das Jahr 1935, 1936.

Schneider, B./P. Blet/A. Martini (Hg.): Die Briefe Pius' XII. an die deutschen Bischöfe 1939–1944, 1966.

VKZG = Veröffentlichungen der Kommission für Zeitgeschichte, 1965 ff.

Volk, L. (Bearb.): Akten Kardinal Michael von Faulhabers, 2 Bde., 1975/78.

Literatur

Besier, G.: Die Kirchen und das Dritte Reich, Bd. 3: Spaltungen und Abwehrkämpfe 1934–1937, 2001.

Bethge, E.: Dietrich Bonhoeffer. Theologe – Christ – Zeitgenosse, 1967; [9]2005.

Blaschke, O.: Die Kirchen und der Nationalsozialismus, 2014.

Boberach, H./C. Nicolaisen/R. Papst (Bearb.): Handbuch der deutschen evangelischen Kirchen 1918 bis 1949. Organe – Ämter – Verbände – Personal, Bd. 1: Überregionale Einrichtungen, 2010.

Bracher, K. D.: Stufen totalitärer Gleichschaltung, in: Vierteljahrshefte für Zeitgeschichte 4 (1956), 30–42.

Brakelmann, G.: Helmuth James von Moltke, 1907–1945. Eine Biographie, 2007.

Braun, H./G. Grünzinger: Personenlexikon zum deutschen Protestantismus 1919–1949, 2006.

Brechenmacher, T.: Das Reichskonkordat 1933. Forschungsstand, Kontroversen, Dokumente, 2007.

Burleigh, M.: Die Zeit des Nationalsozialismus. Eine Gesamtdarstellung, 2000.

Denzler, G./V. Fabricius: Christen und Nationalsozialisten. Darstellung und Dokumente, 1993.

Gailus, M.: Mir aber zerriss es das Herz. Der stille Widerstand der Elisabeth Schmitz, 2010.

Graf, F. W.: «Wir konnten dem Rad nicht in die Speichen fallen». Liberaler Protestantismus und «Judenfrage» nach 1933, in: J.-C. Kaiser/M. Greschat (Hg.), Der Holocaust und die Protestanten. Analysen einer Verstrickung, 1988, 151–185.

Grass, G.: Mündig sein. Eine Rede, gehalten an der Paul-Natorp-Oberschule in Berlin, in: Die Zeit, Nr. 29 v. 9. Juli 2009, 63.

Greschat, M.: Die Bedeutung der Sozialgeschichte für die Kirchengeschichte. Theoretische und praktische Erwägungen, in: Historische Zeitschrift 256 (1993), 67–103.

Hamm, B./H. Oelke/G. Schneider-Ludorff (Hg.): Spielräume des Handelns und der Erinnerung. Die Evangelisch-Lutherische Kirche in Bayern und der Nationalsozialismus, 2010.

Hehl, U. v.: Nationalsozialistische Herrschaft, ²2001.

–/C. Kösters u. a.: Priester unter Hitlers Terror. Eine biographische und statistische Erhebung, 2 Bde., 1984; ³1996.

Herbrecht, D./I. Härter/H. Erhart (Hg.): Der Streit um die Frauenordination in der Bekennenden Kirche. Quellentexte zu ihrer Geschichte im Zweiten Weltkrieg, 1997.

Hürten, H.: Deutsche Katholiken 1918 bis 1945, 1992.

Hummel, K.-J./M. Kißener (Hg.): Die Katholiken und das Dritte Reich. Kontroversen und Debatten, 2009.

Hummel, K.-J./C. Kösters (Hg.): Kirchen im Krieg. Europa 1939–1945, 2007; ²2010.

Jäckel, E.: Hitlers Weltanschauung. Entwurf einer Herrschaft, 1969.

Kaiser, J.-C.: Protestantismus, Diakonie und «Judenfrage» 1933–1941, in: Vierteljahrshefte für Zeitgeschichte 37 (1989), 673–714.

Kißener, M.: Ist «Widerstand» nicht «das richtige Wort»?, in: K.-J. Hummel/M. Kißener (Hg.), Die Katholiken und das Dritte Reich, 2009, 167–178.

Klee, E.: «Euthanasie» im NS-Staat, ¹²2009.

Leugers, A.: Gegen eine Mauer bischöflichen Schweigens. Der Ausschuß für Ordensangelegenheiten und seine Widerstandskonzeption 1941 bis 1945, 1996.

Ludwig, H.: An der Seite der Entrechteten und Schwachen. Zur Geschichte des «Büro Pfarrer Grüber» (1938 bis 1940) und der Ev. Hilfsstelle für ehemals Rasseverfolgte nach 1945, 2009.

Mehlhausen, J.: Art. Nationalsozialismus und Kirchen, in: Theologische Realenzyklopädie, Bd. 24, 1994, 43–78.

Meier, K.: Der evangelische Kirchenkampf. Gesamtdarstellung in drei Bänden, 1976–1984; ²1984.

–: Kreuz und Hakenkreuz. Die evangelische Kirche im Dritten Reich, 1992.

–: Der «Bund für deutsche Kirche» und seine völkisch-antijudaistische Theologie, in: K. Nowak/G. Raulet (Hg.), Protestantismus und Antisemitismus in der Weimarer Republik, 1994, 177–198.

Mertens, A.: Deutsche Katholiken im Zweiten Weltkrieg, in: K.-J. Hummel/M. Kißener (Hg.), Die Katholiken und das Dritte Reich, 2009, 197–215.

Nicolaisen, C.: Der Weg nach Barmen. Die Entstehungsgeschichte der Theologischen Erklärung von 1934, 1985.

Niesel, W.: Kirche unter dem Wort. Der Kampf der Bekennenden Kirche der altpreußischen Union 1933–1945 (AGK E 11), 1978.

Repgen, K.: Über die Entstehung der Reichskonkordats-Offerte im Frühjahr 1933 und die Bedeutung des Reichskonkordats. Kritische Bemerkungen zu einem neuen Buch, in: Vierteljahrshefte für Zeitgeschichte 26 (1978), 499–534.

Ringshausen, G.: Widerstand und christlicher Glaube angesichts des Nationalsozialismus, ²2008.

Röhm, E./J. Thierfelder: Juden – Christen – Deutsche, 4 Bde., 1990–2007.

Rothfels, H.: Die deutsche Opposition gegen Hitler. Eine Würdigung. Mit einer Einführung von Friedrich Freiherr Hiller von Gaertringen, 1994.

Sánchez, J. M.: Pius XII. und der Holocaust. Anatomie einer Debatte, 2003.

Schneider, T. M.: Gegen den Zeitgeist. Der Weg zur VELKD als lutherischer Bekenntniskirche, 2008.

Scholder, K.: Die Kirchen und das Dritte Reich, Bd. 1: Vorgeschichte und Zeit der Illusion. 1918–1934, 1977; 2000; Bd. 2: Das Jahr der Ernüchterung 1934. Barmen und Rom, 1985; 2000.

Smid, M.: Hans von Dohnanyi – Christine Bonhoeffer. Eine Ehe im Widerstand gegen Hitler, 2002.

Steinbach, P.: Widerstand im Widerstreit. Der Widerstand gegen den Nationalsozialismus in der Erinnerung der Deutschen. Ausgewählte Studien, 1994.

Strohm, C.: Die Bedeutung von Kirche, Religion und christlichem Glauben im Umkreis der Attentäter des 20. Juli 1944, in: Zeitschrift für Kirchengeschichte 108 (1997), 213–235.

–: Theologische Ethik im Kampf gegen den Nationalsozialismus. Der Weg Dietrich Bonhoeffers mit den Juristen Hans von Dohnanyi und Gerhard Leibholz in den Widerstand, 1989.

Thierfelder, J.: Das Kirchliche Einigungswerk des württembergischen Landesbischofs Theophil Wurm, 1975.

Tödt, H. E.: Theologische Perspektiven nach Dietrich Bonhoeffer, hg. v. E.-A. Scharffenorth, 1993.

Unterburger, K.: Ein neues Bild von Kardinal Bertram, in: Schlesien in Kirche und Welt 36/4 (2009), 18f.

–/H. Wolf: Papst Pius XII. und die Juden. Zum Stand der Forschung, in: Theologische Revue 105 (2009), 265–280.

Vollnhals, C.: Evangelische Kirche und Entnazifizierung 1945–1949. Die Last der nationalsozialistischen Vergangenheit, 1989.

Weizsäcker, R. von: Die doppelte Befreiung, in: http://www.zeit.de/reden/die_historische_rede/200 118_hr_weizsaecker?page=1 [10.5.2010].

Wolf, H.: Papst und Teufel. Die Archive des Vatikan und das Dritte Reich, 2008; ²2009.

–: Pius XII. und die Zeitirrtümer, in: Vierteljahrshefte für Zeitgeschichte 53 (2005), 1–43.

Personenregister